JN436862

살아있는 것들을 사랑해야지

국립중앙도서관 출판예정도서목록(CIP)

살아있는 것들을 사랑해야지 : 김한호 에세이집 /
지은이 : 김한호. -- 파주 : 범우사, 2018
p. ; cm

ISBN 978-89-08-12431-8 03810 : ₩13000

한국 현대 수필[韓國現代隨筆]

814.7-KDC6
895.745-DDC23 CIP2018006958

김한호 에세이

살아있는 것들을 사랑해야지

범우사

책을 내면서

이 세상에 살고 있는 생명체는 소중합니다. 그러나 이기적인 인간은 욕망을 충족하기 위해 자연 생태계를 파괴하고 동식물을 함부로 살생하여 지구환경을 위협하고 있습니다. 앞으로 공해와 오염으로 이상기후와 자연재해가 심해지면, 동식물뿐만 아니라 인간도 아름다운 지구에서 살 수 없게 될 것입니다.

그래서 우리가 살고 있는 이 세상이 좀 더 아름답고 행복해지기를 바라는 마음에서 책 제목을《살아있는 것들을 사랑해야지》라고 했습니다. 인간과 더불어 모든 동식물이 평화롭게 공존하며, 이기적인 욕심을 버리고 인간답게 살기 위해서는 서로 사랑해야 하기 때문입니다.

이 책은 2015년 2월말 정년퇴직 이후에 발표한 에세이가 대부분입니다. 에세이를 주제별로 구분하여 '아름다운 지구에서 살고 있다는 것은', '어두운 세월의 기억', '급변하는 사회에서 살아남기', '행복하게 살기 위해서는', '작가의 삶과 수필세계 엿보기'로 나누어 구성하였습니다.

《살아있는 것들을 사랑해야지》라는 에세이집을 독자들이 읽고, 공감하고 감동하여 삶에 보탬이 될 수 있다면 작가로서 더없는 보람이라고 생각합니다. 부족한 점이 있더라도 양해해주시고, 즐겁게 읽어주시면 감사하겠습니다.

2018년 3월
김한호

차례

제2장 어두운 세월의 기억

제3장 급변하는 사회에서 살아남기

제4장 행복하게 살기 위해서는

제5장 작가의 삶과 수필세계 엿보기

제1장

아름다운 지구에 살고 있다는 것은

세상의 모든 생명체는 가치 있고 소중한 것이다. 그러므로 자연을 사랑하고 생명을 소중히 여기며 인간답게 살아야 한다. 인간답게 살기 위해서는 이기적인 욕심을 버리고, 따뜻한 마음으로 서로 사랑하고 베풀며 행복하게 살아가야 한다.

살아있는 것들을 사랑해야지

살아있는 것들은 아름답다. 자연 속에서 자연과 더불어 살아가는 모든 생명체는 아름답다. 우리 인간도 모든 동식물과 함께 공존하며 살아가야 아름답다. 그래서 행복한 삶이란 아름다운 자연과 더불어 사랑하며 사는 것이다.

우리가 자연 속에 살고 있다는 것은 들에 핀 풀꽃처럼, 하늘을 나는 새처럼, 자연스럽게 이 세상에 존재하는 것이다. 그런데 인간은 어릴 때부터 자연과 함께 살아가는 방법을 제대로 배우지 못하고 있다. 물질문명에 길든 인간은 자연을 소유의 대상으로 여기며, 자연을 파괴하고 동식물을 함부로 살생하고 있다. 그러면서 하나뿐인 지구를 마치 인간만의 것인 양 지배하고 있다.

이러한 일은 아이들도 마찬가지이다. 며칠 전에 아이들이 놀이터에서 개미를 가지고 놀고 있었다. 아이들이 개미에게 싸움을 시키면서 개미 다리가 떨어져나갔다. 그런데 그들이 놀다 떠나면서 부상당한 개미뿐만 아니라 개미집을 짓밟아 많은 개미들을 죽여버렸다. 마치 사이버 공간에서 게임을 하듯 개미를 없애버린 것이다.

요즘 아이들은 사이버 게임하듯 살아있는 것들을 아무렇지도 않게 죽이거나 파괴한다. 사이버 공간에서는 개미를 죽였다가 살릴 수도 있지만 현실은 그렇지가 않다. 사이버 게임에 익숙한 아이들은 살아있는 생명체와 가상현실에서의 아이템을 혼동하는 듯하다. 이처럼 가상현실에서 죽이는 데 익숙하다보니 살인이나 자살을 쉽게 생각하는 생명경시 풍조가 만연하고 있다.

이러한 일 중에는 지방자치단체에서 하는 축제도 문제이다. 어떤 행사에서는 열매나 식물을 마구잡이로 채취하고, 산천어나 짱뚱어를 많은 사람들이 동시에 잡는 대회를 한다. 이와 같이 자연물을 착취하고 살생을 자행하는 흥미 위주의 행사는 오히려 자라나는 아이들에게 잘못된 체험학습을 가르치고 있는 셈이다. 이보다는 아이들에게 직접 동식물을 기르고 가꾸게 함으로써 동식물을 사랑하는 마음이 생기도록 해야 한다.

우리들이 어릴 때는 집집마다 소나 돼지를 기르고, 텃밭에서 채소를 가꾸었다. 학교에서는 학급마다 닭이나 토끼를 길러 날마다 동식물이 성장하는 과정을 관찰하는 자연학습을 하였다. 이와 같이 동식물의 생태를 파악하고 자연과 더불어 살아가면서 살아있는 것들을 사랑하는 마음을 길렀다.

동식물을 기르고 가꾸는 일은 자연과 더불어 살아가는 인간교육이다. 동식물을 기르고 가꾸기 위해서는 관심과 애정이 있어야 하며 근면하고 성실해야 한다. 그리고 그들을 보살피는 과정에서 관찰력과 창의성이 길러진다. 이것이 바로 전인교육이다.

또한 동식물을 기르고 가꾸는 것은 살아있는 생명체를 사랑하는 마음이 있어야 한다. 동물을 기르고 식물을 가꾸는 마음은 소유하는 마음이 아니라 또 하나의 생명체를 돌보는 일이다. 우리가 동물을 길러 새끼를 낳게 하고, 식물을 가꾸어 열매를 맺게 하는 것은 자연 생태계를 보전하는 길이다.

그런데 요즘 학생들은 교실에서 성적 위주의 공부만 열심히 하고 있다. 그렇기 때문에 살아있는 것들을 사랑하며 행복하게 살아가는 방법을 배우지 못하고 있다. 더구나 물질만능 사회에서 남보다 더 많이 가져야 행복해질 거라고 생각한다. 그래서 나만 잘 살면 된다는 이기적인 인간이 되어가고 있다.

그러므로 인간다운 삶을 살아갈 수 있도록 자연을 사랑하고 생명을 존중하는 지혜를 깨우쳐주어야 한다. 그래야만 이기적인 욕심을 버리고 자신의 삶에 만족하며 남과 더불어 행복하게 살아갈 수 있는 것이다. 그리하여 우리 모두가 아름다운 자연 속에 살면서 사람들 마음마다 사랑이 깃든 행복한 세상이 된다면 얼마나 좋을까.

하늘 메아리

하늘에서 낙하산을 타고 내려온 적이 있었다. 그때 사랑하는 사람을 소리쳐 부르면 하늘 끝 어디에선가 메아리가 되어 되돌아올 것이라고 생각했다.

지금도 밤하늘을 보면, 아스라이 먼 별에서 이승을 떠난 영혼들의 음성이 메아리처럼 들려오는 것만 같다. 그럴 때면, 별을 좋아하는 나는 어느 이름 없는 별에서 왔는지 모른다는 생각을 한다.

별을 좋아하는 사람은 꿈이 많고, 비를 좋아하는 사람은 눈물이 많고, 꽃을 좋아하는 사람은 마음이 아름답다고 한다. 별과 비와 꽃을 좋아하는 나는 오늘도 우주 공간 어느 구석에 파묻혀 밤새도록 글을 쓰고 있다.

나는 봄날 새싹처럼 솟아나는 기억들을 갈무리하여 꽃처럼 아름답고 정감어린 이야기를 쓰고 싶다. 그리하여 문학작품을 통하여 독자들에게 사랑과 지혜가 넘치는 따뜻한 마음을 전해주고 싶은 것이다.

문학을 한다는 것은 단지 글을 읽고, 쓰는 것만을 의미하지는 않을 것이다. 문학을 통해서 역사를 알고, 문화를 이해하며, 자연과 더불어 살아가면서 자신을 안다는 의미이리라. 그래서 지천명의 나이에 비로소 나를 알게 된 것일까?

나는 아직도 행복의 파랑새를 찾기 위해 고뇌하고 있다. 인생의 이면에 깊숙이 감춰진 무언가를 찾기 위해서다. 과학자들은 사람이 하루에 6천 가지의 생각을 한다고 말한다. 인간의 감정은 즐거움, 슬픔, 역겨움, 분노, 두려움, 질투, 죄책감, 사랑, 희망이라는 아홉 빛깔의 감정으로 이루어져 있다. 우리들은 매일 끊임없이 여러 가지 감정을 느끼며 생각을 한다.

생각이 감정을 만들므로 생각은 모든 일의 원인이 된다. 우리가 지금 생각하거나 느끼는 감정을 비롯하여 우리를 둘러싼 모든 것은 자기 자신이 스스로 끌어들인 결과이다. 우리가 어떤 일을 간절히 염원하면 그것이 우주로 전송되어 메아리처럼 자신에게 되돌아온다. 그러므로 감정은 생각을 이끌어내는 힘이며, 자기가 살아가면서 자신의 우주를 창조하는 일이다. 따라서 생각을 바꿈으로써 자신의 인생을 바꿀 수 있다. 이는 인생은 어떤 생각을 갖고 사느냐에 따라 달라질 수 있기 때문이다.

그런데 부귀와 명예에 눈이 어두워 재물을 한없이 지고 다니다가 죽음에 이르러서도 내던져버리지 못하는 부판(蝜蝂, 상상적인 곤충)

같은 삶을 사는 사람들이 있다. 그들은 오직 자신만을 위해 앞만 보고 바쁘게 살아가는 사람들로 순간 순간에 최선을 다해야만 하루하루가 의미 있고 행복하다고 생각한다.

그렇지만 바위틈에서 자라다가 스스로 말라죽은 오동나무(石上自枯桐)가 천상의 소리를 내는 가야금이 되고, 해발 3천 미터가 넘는 알프스산의 매서운 추위 속에서 자란 가문비나무가 명품 바이올린이 되듯이, 남을 위해 온갖 역경과 시련을 극복한 사람만이 아름다운 영혼을 가질 수 있는 것이다.

세상은 먼저 깨달은 자가 늦게 깨달은 자보다 앞서가기 마련이다. 문화는 먼저 깨달은 자가 만들어내는 것이고, 늦게 깨달은 자는 그것을 배워서 따라갈 뿐이다. 인생 역시 이와 마찬가지이다. 그 깨달음 중의 하나가 언어이다.

사람들은 하루에도 수없이 많은 말을 한다. 그 말들이 우주 공간에서 다시 메아리가 되어 자신에게 되돌아온다면, 또는 그동안 지구에서 살다간 수많은 사람들의 말들이 우주 공간에 떠돌고 있다면 어떻게 될까?

인디언의 어떤 부족은 '거짓말'이라는 단어가 없다. 필리핀의 티자데이 부족은 '싫어하다', '미워하다', '전쟁'과 같이 부정적인 말이 없다. 따라서 그러한 사고방식이나 행동양식도 존재하지 않는다. 말만큼의 사람이 되는 것이다.

한국인들이 선정한 가장 아름다운 우리말은 '사랑'이라고 한다. 아기에게 제일 먼저 가르쳐주고 싶은 단어도 사랑이다. 또한 죽음을 앞둔 사람들이 가장 후회하는 일은 '가족이나 사랑하는 사람에게 사랑을 더 표현하지 못한 것'이라고 한다. 또 "삶이 1주일 남았다면 무엇을 하고 싶은가?"라는 물음에도 사랑이라고 했다. 인간이나 동식물에 이르기까지 가장 아름다운 언어는 사랑이다.

우주에 존재하는 모든 것들은 그들만의 언어가 있다. 과학자들은 동식물들도 그들의 언어가 있다고 한다. 꿀벌의 언어는 그들의 춤이다. 꿀벌이 추는 춤에는 꿀이 있는 곳까지의 거리와 방향에 관한 정보가 담겨 있다. 그러나 그들의 언어에는 지혜로운 생각과 사랑이 깃들어있지 않다.

우주에는 10^{23}개의 별이 있기 때문에 지구환경과 유사한 행성이 53만 개나 된다. 그 중에는 우리보다 훨씬 뛰어난 문명을 가진 외계 생명체가 존재할지도 모른다. 만약 지구 밖에 외계 생명체가 존재한다면 그들도 언어나 신호체계가 있을 것이다. 그러나 우리 인간들처럼 지혜롭게 생각하고 서로 사랑하는 다양한 언어가 있을지는 알 수 없는 일이다.

하지만 무한한 우주 속에 살고 있는 우리는, 푸른 하늘과 밤하늘에 반짝이는 별과 아름다운 꽃과 자연이 있는 지구에서, 문학을 통해 인간의 고귀한 사랑을 이야기할 수 있다면, 이 또한 행복한 삶이 아니겠는가?

더욱이 생과 사의 극한상황에서, 하늘에서 낙하산을 타고 내려오면서 공허한 우주 공간에 메아리치도록 외친 언어가, 사랑하는 사람이었다는 것은 이 세상에 사랑만큼 소중한 것도 없기 때문이리라.

꽃넋

전생에 나는 꽃을 좋아하는 선비였는지 모른다. 선비들이 좋아하는 사군자를 좋아하고, 그 중에서도 눈 속에서 꽃을 피우는 매화를 더욱 좋아한다. 그런데 눈 속에 핀 매화꽃을 보면, 어린 시절 고향에서 함께 살았던 매화가 생각난다.

매화는 이웃집 소녀였다. 초롱초롱한 눈망울에 얼굴이 고운 그녀를 동네 사람들은 매화나무집에 산다고 하여 매화라고 불렀다. 그녀는 가난한 집안의 외동딸로 아버지를 여의고 홀어머니와 함께 살면서도 구김살 없는 착한 소녀였다. 그런 소녀를 우리들은 좋아했다.

매화는 한 청년을 남 몰래 사랑하고 있었다. 그들은 달 밝은 밤이면, 달빛보다도 더 애틋한 사랑을 꽃 피웠으리라. 하지만 가난한 그녀와 부잣집 청년과는 이루어질 수 없는 사랑이었다. 어느 날 갑자기 그 청년은 고시 공부를 한다고 산 속의 암자로 들어가버렸다.

들불같이 피던 봄꽃들이 사라지고 보릿고개가 찾아왔다. 달 밝은 밤 초가지붕에 하얀 박꽃이 서럽게 지던 날, 매화는 사랑하는 사람을 찾아 어디론가 가버렸다. 홀어머니를 남겨두고 고향을 떠나가버렸다.

세월이 참 빠르게 흘러갔다. 그녀를 잊은 지도, 그녀의 소식을 들은 지도 참 오래 되었다. 온갖 꽃들이 흐드러지게 피는 봄이 오면, 내 고향 섬진강가의 매화마을에 하얀 매화꽃이 눈이 시리도록 필 때면 그녀가 생각났다. 아직도 그녀는 매화꽃처럼 아름다운 모습으로 어디에선가 살고 있을 거라고 믿었다.

매화의 소식이 어렴풋이 들려왔다. 그녀는 어느 절에 비구니가 되었다는 풍문이 보리깜부기같이 떠돌았다. 그 청년과 인연을 맺지 못한 그녀는 세속을 떠나 중이 되었다고 한다. 우리들은 그럴 리가 없다고 고개를 흔들었지만 매화를 보았다는 사람이 있었다. 매화어미는 그 소문을 듣고 목 놓아 울었다.

세월이 흐르고 나이가 들어갈수록 눈 속에 핀 매화꽃 향기가 그리워진다. 더욱이 여느 해보다도 추운 겨울의 끝자락이면 매화꽃이 피는 봄이 빨리 오기를 손꼽아 기다린다. 그 해는 남녘 어느 절에 수백 년 된 홍매화가 천연기념물로 지정되었다는 보도가 있었다. 그 매화꽃을 보기 위해 이른 봄에 탐매를 나섰다.

고즈넉한 절에는 매화 향기보다도 더 은은한 염불 소리가 메아리가 되어 울려 퍼졌다. 이끼 낀 석탑 옆에는 고목이 된 홍매화가 숱한 세월 동안 추운 겨울을 이겨내고 해마다 봄이 되면 화사한 꽃을 피우고 있었다. 수줍은 듯 붉게 핀 홍매화가 마치 매화를 닮았다. 탐방객 모두가 매화꽃을 보더니 부처님이라도 된 듯이 염화시중의 미소를 짓고 있었다.

대웅전의 부처님께 삼배를 하고 불탑을 돌아나오는데, 매화를 닮은 여승이 걸어가고 있었다. 가까이 다가가 그녀를 쳐다보았다. 아! 분명 매화였다.

"스님! 어디서 많이 본 듯한데, 혹시 저를 아시는지요?"

갑작스러운 물음에 스님은 잠시 당황하더니,

"저는 속세의 인연은 모릅니다."

뒤돌아서서 총총히 걸어가는 여승의 모습이 늙은 홍매화 나무처럼 외롭고 쓸쓸해 보였다.

세월이 흐르고 또 세월이 흘러갔다. 올해는 매화꽃이 유난히도 일찍 피었다가 진다. 기후 온난화로 남녘의 날씨가 무척 따뜻해졌기 때문이다. 매화꽃이 일찍 피고 지자, 진달래, 개나리, 벚꽃들도 덩달아 피더니 한꺼번에 시들어버렸다.

봄꽃들이 떨어져버린 잔인한 4월에, 고등학교 수학여행단을 실은 세월호가 물살이 거센 맹골수로에 침몰하여 304명이 목숨을 잃었다. 그것도 한 맺힌 혼백을 달래는 씻김굿의 고장 진도 앞 바다에서, 남녀 학생들이 비바람에 우수수 떨어지는 꽃잎처럼 꽃넋이 되어버렸다.

이들은 내 기억 속에 남아있는 매화 또래의 학생들이다. 그들은 꽃다운 청춘의 꿈을 제대로 펼쳐보지도 못한 채 이 세상을 하직하고 말았다. 꽃 같은 어린 생명들이 차디 찬 바닷물 속에서 핏빛 울음을 울부짖는 것 같아 참으로 처절하고 비통하다.

그런데 세월호 선장을 비롯하여 선원들은 침몰하는 배에서 자기만 살겠다고 먼저 탈출하고, 탑승객들에게는 배 안에 가만히 있으라고 했다니, 이 얼마나 어리석은 짓인가! 더구나 해양경찰 등의 늦장 구조로 수많은 인명들이 희생당했다고 하니, 참으로 애석하고 통탄스럽다.

초파일 무렵, 혼자 조용히 바다가 보이는 절을 찾아갔다. 고등학교 교장으로서 세월호 참사로 꽃넋처럼 이승을 떠난 영령들을 추모하기 위해서였다. 경내에는 향 내음이 자욱하고 깊은 침묵만 흐르고 있었다. 부처님 전에 여승 한 분이 목탁을 두드리며 염불을 하고 있었다.

불현듯 여승이 매화일지도 모른다는 생각이 들었다. 매화가 속세의 삶을 초탈하고 구도승이 되어 부처님 앞에서 무언가를 구원하고 있다고 생각했다. 그녀가 염불을 하는 동안 나는 부처님을 향해 합장을 한 채, 매화의 젊은 날의 모습을 상상하며 목탁 소리가 끝날 때까지 기다리고 또 기다렸다. 그러나 스님은 쉼 없이 염불을 하며 좀처럼 자리에서 일어나질 않았다. 그런데 스님의 애절한 염불 소리에 나도 모르게 동화되어 스님과 내가 하나가 된 듯 부처님의 자비를 염원하고 있었다.

봄꽃들이 피고 지는 산사에서, 세월호 참사로 세상을 떠난 학생들을 추모하면서 매화를 상상하게 된 연유는 무엇 때문일까? 인간이 산다는 것은 꽃이 피고 지는 것과 같은 것. 해마다 꽃은 다시 피고 지지만 인생은 한 번 지면 다시 피지 않는 꽃! 더구나 생명을 소중히 여길 줄 모르는 인간들 때문에, 꽃다운 나이에 피어보지도 못한 채 떨어져버린 꽃송이처럼 바다에 꽃넋이 되어버린 어린 학생들을 생각하니, 인생이 허허롭기 그지없다.

개망초꽃 피는 섬

뻐꾹새가 우는 계절이면 개망초꽃이 핀다. 개망초꽃은 섬사람들이 떠나가버린 빈집에 을씨년스럽게 피어있다. 하얀 꽃잎들이 갯바람에 흩날리는 모습이 마치 태풍주의보가 내린 바다에서 거친 파도에 부서지는 하얀 물거품 같다.

개망초꽃은 여름이면 산과 들에 지천으로 핀다. 잡초처럼 아무데서나 흔하게 피는 꽃이라 누가 눈 여겨 보아주지도 않는 천덕꾸러기 같은 꽃이다. 볼품없는 꽃이지만 그 나름대로 존재 의미가 있는 꽃이다.

북아메리카가 원산지인 개망초는 일본 제국주의자들이 우리 땅에 들어오면서 철도 침목에 씨앗이 묻어 들어온 외래식물이다. 개망초는 일본 침략자들과 함께 들어오면서 나라를 망하게 한 꽃이라 하여 '망국초' 또는 '개망초'라고 불렀다.

'금빛 해가 뜨는 섬(金日島)'에는 개망초꽃이 필 무렵이면 바다에서 다시마를 수확한다. 다시마 수확철이면 4천여 명이 사는 섬에 5천여 명의 인부들이 몰려온다. 그 중에는 한국인도 있지만 대부분이 외국에서 온 노동자들이다. 동남아뿐만 아니라 북아프리카 등 가난한 나라에서 다양한 인종들이 일시에 몰려들어와 섬사람들과 함께 바다일을 한다.

이들 말고도 이 섬에는 다문화 결혼이주민들이 살고 있다. 동남아 등 여러 나라에서 들어온 여성들로 농어촌에 사는 노총각들과 국제결혼을 하여 외래식물인 개망초처럼 이 땅에 뿌리를 내리고 살고 있다. 마치 개망초 꽃씨가 바람에 흩날리어 퍼져나가듯이 이들은 전국에 흩어져 살고 있다.

예전에 내가 살던 관사 옆집에는 필리핀에서 온 여성이 살고 있었다. 한국에 온 지 7년째인데 벌써 아이들이 셋이나 되었다. 영어를 사용하는 나라에서 왔지만 영어회화가 서툴러 대화도 제대로 할 수가 없었다. 그렇지만 그녀는 섬나라에서 왔기 때문에 잘 적응하며 살았다. 그러나 평생 바다를 보지 않고 자란 몽골이나 중국에서 온 여자들은 바다를 두려워했다.

이제는 단군의 자손인 배달민족이 세계화의 추세에 따라 다인종들과 더불어 살게 되었다. 어쩔 수 없는 현실이지만 결코 바람직한 일은 아니다. 인종이 다른 남녀가 서로 사랑하여 결혼을 한다면 몰라도 돈 때문에 한국으로 시집을 왔다면 문제가 아닐 수 없다.

역사를 통해서 보더라도, 우리 민족이 다른 민족의 피가 많이 섞인 시기는 외침을 당한 국난의 시대였다. 고려시대 몽고의 침략과 조선시대 임진왜란, 병자호란 그리고 한국전쟁 등 불행했던 과거의 역사 속에서 혼혈아들이 많이 태어났다. 그런데 이제는 결혼이주여성, 이주노동자 등이 대거 유입되면서 우리나라도 다인종 국가가 되었다.

더구나 농어촌에는 다문화 여성들이 낳은 혼혈아들이 우리의 고향을 지키게 되었다. 그렇지만 농어촌은 한국인의 정서가 깃들어 있는 고향의 원형질이다. 그래서 명절이면 고향을 향해 민족 대이동이 이루어진다. 이러한 한국의 미풍양속을 자기 나라의 풍습에 길들어진 다문화 어머니들이 자녀들에게 제대로 가르쳐줄 수 있을지 의문스럽다. 오히려 명절이 되면 그들 어머니의 고향을 찾아가지 않을는지 모를 일이다.

섬에는 개망초꽃이 필 무렵이면 철새인 뻐꾸기가 동남아에서 날아온다. 뻐꾸기는 탁란을 하는 새이다. 텃새인 붉은머리오목눈이 둥지에 뻐꾸기가 몰래 알을 낳고 가버리면 붉은머리오목눈이는 뻐꾸기 알을 자기 알과 함께 부화시킨다. 그런데 덩치가 큰 뻐꾸기 새끼는 붉은머리오목눈이 새끼를 둥지에서 밀어내어 떨어져 죽게 만든다. 게다가 뻐꾸기는 새끼가 다 자라면 새끼를 데리고 다시 고향으로 날아가버린다.

나그네새인 뻐꾸기가 여름철이면 날아오고, 외래식물인 개망초가 한국 땅에서 꽃을 피우고 살듯이, 다문화 여성이 한국인과 결혼하여 한국문화에 적응하고, 그들의 자녀들이 잘 자랄 수 있도록 도와주어야 한다.

그리하여 개망초의 꽃말이 '화해'이듯이 화해하는 마음으로 외래종인 뻐꾸기와 개망초와 다문화 인종이 지구촌의 한 가족으로 더불어 살아가야 한다. 그래야만 원주민이 섬을 떠나가버린 빈 집에 해마다 개망초꽃이 필 때면, 뻐꾹새가 날아와 울고, 다문화 가정의 아이들이 뛰놀 수 있을 것이다.

붉은 소나무

새 아파트로 이사를 갔더니 천연기념물처럼 잘 생긴 소나무가 먼저 이사를 와 있었다. 그 소나무는 가지가 많이 퍼진 300년 된 반송으로 임실군 삼계면 덕계리 무명지에서 옮겨온 다박솔이라고 안내 표지까지 있었다. 그런데 주민들은 이 소나무를 '오억이'라고 불렀다. 5억 원을 들여 소나무를 아파트에 옮겨 심었다고 해서 붙여진 이름이다.

올 봄에 이사 온 아파트는 소나무숲으로 조경을 했는데, 그 중에서 오억이는 단연 돋보이는 존재였다. 낙엽이 지고 아직 새싹이 돋아나지 않은 이른 봄에 30층이나 되는 11개 동의 아파트 빌딩숲에서 푸르름을 잃지 않고 의연히 서있는 낙락장송이 마치 군자처럼 늠름해 보였다.

소나무는 사군자가 아니지만 군자의 기품을 지녔다고 하여 한국 사람들이 가장 좋아하는 나무이다. 추사 김정희가 그린 국보 180호의 '세한도'에는 "날씨가 추워진 후에 소나무와 잣나무가 나중에 시듦을 안다.(歲寒然後知松柏之後彫也)"고 하여 지조와 절개를 목숨보다 더 소중히 여긴 충신을 낙락장송으로 비유하기도 했다.

소나무는 십장생 중의 하나이다. 소나무 노거수 중에는 천연기념물이 많이 있으며, 충북 보은의 '정2품송'과 경북 예천의 '석송령'은 수령이 600년이나 된다. 미국 캘리포니아주 화이트산에는 수령이 4600년으로 추정되는 '브리슬콘 소나무'가 있는데, 지구에서 가장 오래 사는 생물로 알려졌다.

이처럼 소나무가 오래 살기 때문에 우리 조상들은 아기가 태어나면 장수를 기원하며 금줄에 솔가지를 끼우고, 사람이 죽으면 영생하도록 송판으로 널을 만들었으며 묘지 주변에는 도래솔을 심었다. 이와 같이 우리 민족은 태어나면서부터 죽을 때까지 소나무와 희비애환을 함께 하며 살았다.

그 까닭은 우리나라 산에 자생하는 나무의 절반 가량이 소나무이며, 소나무는 목재나 땔감으로 쓰이고, 송진, 송기, 백복령, 송이버섯이 나고, 송편, 송화다식, 송화주, 솔잎차를 만들므로 우리 생활과 밀접한 관련을 맺고 있기 때문이다. 그렇기 때문에 한민족의 원형질 속에는 소나무와 더불어 살아가야 하는 숙명이 잠재되어 있는지도 모른다.

그래서 콘크리트 건물로 에워싸인 아파트 단지에 소나무숲을 조성하여 정서적인 안정을 찾기 위해 오억이를 먼 곳에서 데려왔을 것이다. 그런데 봄이 가고 여름이 되면서 푸르던 소나무가 붉은 소나무로 변해갔다. 더구나 가뭄으로 나무가 메말라가면서 피골이 상접한 늙은이처럼 죽어갔다.

학마을에 솔숲이 울창하게 우거지면 광주천에서 백로가 날아들 것이다. 그러면 달 밝은 밤이나 별이 빛나는 밤에 솔잎차를 마시며 밤을 지새우면서 명작을 쓰리라고 생각했다. 그런데 오억이가 죽으면 그 꿈도 사라질지도 모를 일이다.

우리가 자연 속에 살고 있다는 것은 자연과 더불어 자연스럽게 존재하는 것이다. 그러므로 자연은 자연 그대로 두고 보는 것이 아름답다. 그런데도 인간은 자연을 물욕의 대상으로 여겨 무분별하게 자연 생태계를 파괴하고 있다. 수형이 아름다운 오억이도 300년 동안 살았던 그곳에서 몇 백 년을 더 산다면 천연기념물이 될 수도 있을 것이다. 그런데 인간의 욕심 때문에 낯선 도시에서 죽게 되어서 안타깝기만 하다.

아파트에는 추녀가 없다

한국의 기와지붕은 추녀가 있기 때문에 아름답다.

산사(山寺)의 대웅전이나 궁궐의 추녀는 웅장하고 기품이 있으며, 정자나 누각의 날렵한 추녀는 운치가 있다. 서양의 대성당의 첨탑이나 이슬람의 사원, 고대 이집트나 그리스의 건축물은 거대한 입체도형 같아서 긴장감이 감돈다. 그러나 한옥은 서양의 건축물이나 현대의 고층건물처럼 인공적이지 않고 자연스러운 모습 그대로이다.

서양의 건축물이 유화나 모자이크와 어울린다면 한국의 기와집은 한국의 자연과 어울리는 한 폭의 산수화와 같다. 산과 강이 어우러진 숲 속의 기와집은 신선이 살고 있는 듯한 비경이다. 물안개가 피어오르는 산골짜기로 학이 하늘 높이 날아오르고, 강물 위에 작은 배를 탄 태공이 낚싯대를 드리운 모습은 한가롭고 여유 있는 한국인의 삶의 모습이다.

한국화의 신비로운 기법은 화선지의 여백에 있다. 서양의 모자이크는 한국화처럼 여백을 두고서는 한 폭의 그림이 되지 않는다. 한 치의 빈틈도 없어야 그림이 제대로 되는 것이 모자이크라면 한국화는 여백에서 무한한 상상과 아름다움을 발견할 수가 있다.

한국의 기와지붕의 추녀는 한국화의 여백과 같은 것이다. 자연 경치와 조화를 이루어 기와지붕이 길게 치켜 올라간 추녀는 여유와 멋에서 우러나온 우리 겨레의 아름다운 정서이다.

예로부터 우리 민족은 여유와 멋이 있는 삶을 살았다.

한복의 넉넉한 품과 폭넓은 소매, 긴 옷고름과 부드러운 곡선으로 이루어진 옷자락, 외씨버선의 날렵한 콧날, 길게 땋아 늘어뜨린 댕기머리는 여유롭고 멋을 아는 우리 겨레의 맵시이다. 이러한 모양새는 우리 선인들의 고운 마음결에서 우러나온 여유 있는 삶의 모습이다.

우리 조상들은 둥글고 너그러운 마음을 지닌 사람들이었다. 초가지붕 위에 탐스런 박처럼 동산에 둥근 보름달이 떠오르면, 하늘도 둥글고 산천도 둥글고 사람들 마음도 둥글둥글한 것이 우리 겨레의 심성이었다. 푸른 하늘 아래 산은 둥그스럼하고 물결은 잔잔하게 굽이치는 부드러운 자연 속에서 동심같이 순박한 배달겨레는 오천 년 동안 한결같이 살아왔다.

아름다운 자연과 더불어 살아온 우리 겨레는 착한 심성과 따뜻한 인정으로 서로 돕고 미풍양속을 지켜가며 다정다감하게 살아왔다. 그래서 아직도 고향의 추녀 밑에는 고향의 정취와 이웃사람들의 따뜻한 인정이 남아있는지도 모른다.

어릴 때 우리 집은 삼간초옥이었다. 봄볕이 따스한 처마지붕 아래 뜨락에는 철부지 아이들이 소꿉장난을 하며 놀았고, 가을걷이가 끝난 텅 빈 들판에 하늬바람이 불면 우리들은 뒤란 추녀 끝에 매달아 놓은 연을 서리까마귀보다 더 높이 날렸다. 비 오는 날이면 처마 밑에 낙숫물 떨어지는 소리를 들으며 동요를 불렀고, 눈 내리는 밤이면 처마 끝에 매달린 고드름을 따다가 이불 속에서 먹던 추억이 그리움처럼 남아있는 것도 추녀가 있었기 때문이다.

그러나 도시와 시골에 전통 한옥이 차츰 사라지면서 여유 있고 인정 많던 한국인의 정서도 변해가고 있다. 예전엔 비나 눈이 올 때면 아무 집이나 들어가 추녀 밑에서 눈과 비를 피했고, 길 가던 나그네가 해가 지면 추녀 밑에서 노숙을 하기도 했던 인정은 지금은 찾아 볼 수 없게 되었다.

경제개발로 예전에 살던 집들을 허물어뜨리고 슬라브 주택이나 아파트 같은 추녀가 없는 집들이 들어섰다. 좁은 땅에 많은 사람들이 살다보니 비효율적인 한옥을 짓지 않고 있다. 한 치의 자투리 땅도 남김없이 활용하는 현대건축에서 군더더기 같은 추녀는 비경제적이기 때문일 것이다. 더욱이 좁은 터에 수십 층씩 집을 짓고 사는 아파트 건물에는 추녀를 만들 수도 없을 뿐만 아니라 아파트에 추녀가 있을 필요도 없다.

그런데 아파트에 추녀가 없듯이 아파트에 사는 사람들은 여유와 인정이 없다. 한 울타리 안의 아파트 단지에는 시골마을보다 많은 수백 가구가 모여 산다. 한 지붕 아래 수십 가구가 층층이 살면서도 서로 얼굴도 모르고 살기 때문에 엘리베이터에 함께 탄 이웃집 사람에게 인사도 하지 않는다. 아파트에 사는 사람들은 사람이 찾아와도 인터폰으로 서로 묻고 대답한다. 방문객이 혹시 강도로 돌변하여 해코지나 하지 않을까 하여 아예 현관문을 열어보지도 않는다.

아파트에 사는 사람들은 예전에 한옥에 살던 사람들보다 더 나은 생활을 누리고 있을지는 모르지만 예전처럼 네 것 내 것 없이 오순도순 살던 정겨운 모습은 이제 도회지에서는 찾아보기 어렵게 되었다. 이렇게 아파트의 모듬살이가 삭막해져가는 까닭은 여유와 인정이 사라져가기 때문이다.

물질문명이 발달해가고 생활수준이 향상되면서 세상은 이기주의로 변해가고 있다. 도시의 콘크리트 건물에 붙박여 살면서 핵가족화된 도시인의 삶은 삭막해져가고 남의 일에는 무관심해져버렸다. 나 역시 며칠 전에 옆집 할아버지께서 돌아가신 줄도 모르고 지내다 뒤늦게 알았다. 옆집에 무슨 일이 일어나도 알려주지 않으면 알 수 없는 것이 아파트 생활이다. 그러다보니 자연히 남의 일에는 무관심하게 되고 이웃이 있으나마나 한 것이 되어버렸다. 예전에 고향마을에서 느끼던 이웃사람들의 훈훈한 인정과 아름다운 정취는 찾아볼 수 없게 되었다.

아파트에는 추녀가 없듯이, 아파트에 사는 사람들은 우리 조상들이 누리던 삶의 여유와 멋을 모르고 살아가고 있다. 그래서 아파트에 사는 사람들도 마음속에 추녀를 다시 만들었으면 좋겠다. 추녀는 나만 잘 먹고 잘 사는 이기적인 마음에서는 생기지 않는다. 나보다 남을 위한 배려와 아량에서 추녀와 같은 생활의 여유와 인정이 우러나오는 것이다. 예전에 선조들이 지녔던 멋과 여유와 인정을 오늘을 사는 우리들이 이어받아야 하지 않겠는가?

피지 않는 꽃

내 몸에 열꽃이 피던 날, 아끼던 꽃나무가 잎이 노랗게 시들어 버렸다. 공기 좋고 물 맑은 곳에 살던 녀석을 이곳으로 데려왔더니 이파리가 변색되고 뿌리가 썩어 들어갔다. 정성을 다해 보살펴도 병이 들었는지 생기가 없어 보였다.

나 역시 이 도시에 온 이후로 알레르기 질환으로 고생이 많았다. 도시 주변에는 국가산업단지로 공장으로 둘러싸여 있고, 가까이는 제철소가 있으며 멀리 화력발전소가 있어 공해와 오염이 심했다. 아마 이러한 환경 때문인지 자주 열이 나고 두드러기가 돋아났다.

이렇게 사람이 살기 어려운 환경인데, 하물며 연약한 식물이야 제대로 자라겠는가? 매년 꽃을 피우던 녀석이 꽃이 필 시기인데도 꽃을 피우지 않았다. 꽃이 피지 않으니 벌과 나비도 보이지 않고 새

소리도 들리지 않았다.

꽃이 피고 지는 것은 자연의 섭리이며 생명의 순환이다. 꽃은 결코 저절로 피지 않는다. 식물은 꽃을 피우기 위해 숱한 인고의 시간과 치열한 생존경쟁을 겪어야 한다. 꽃은 계절에 따라 피고 지지만 환경이 나빠지거나 스트레스를 받으면 꽃을 피우지 않는다.

식물이 꽃을 피우는 것은 씨앗을 남겨 종족을 번식하기 위한 것이다. 그러므로 꽃은 식물의 생식기이다. 꽃은 번식을 위해 아름다운 모양과 향기로 곤충이나 새를 유혹하고 바람의 영향으로 꽃가루받이를 하여 열매를 맺는다.

꽃이 아름답게 느껴지는 것은 열매를 맺기 때문이다. 인류가 출현하여 수렵 채취를 하던 시대부터 열매는 인간의 생존에 필요한 식량이 되었다. 그래서 꽃이 피면 열매를 맺게 되고, 열매는 인간이 먹고 살 수 있는 식량이 되었기 때문에 꽃은 인간에게 선험적으로 아름답게 인식되었다.

하여, 꽃은 지구에서 가장 아름다운 것 중의 하나가 되었다. 꽃의 여신 '플로라'가 최초로 만든 코스모스를 비롯하여 마지막의 국화에 이르기까지 꽃은 지상에서 가장 아름다운 것으로 많은 사람들의 사랑을 받고 있다. 그래서 사람들은 꽃을 가꾸면서 아름다운 삶을 추구한다. 나도 꽃 가꾸기를 좋아하여 수십 년 동안 화초를 취미 삼아 가꾸고 있다. 그러면서 꽃도 마음이 있을 거라고 믿고 그들과 이심전심으로 대화를 나누기도 한다.

또한 나는, 푸른 숲이 우거지고 꽃이 피는 자연 속에서 인간과 더불어 모든 동식물이 평화롭게 공존하며 살아가기를 바라고 있다. 그러나 인간은 자연을 물욕의 대상으로 여기며 무분별하게 자연 생태계를 파괴하고 지구환경을 오염시키고 있다. 자연 생태계는 한 번 파괴되면 복원하기도 어려울 뿐만 아니라 반드시 재앙이 뒤따르게 마련이다.

지구는 46억 년 전에 생성되어 최초의 생명체인 '시아노 박테리아'가 탄생하여 진화하는 동안 다섯 번이나 멸종 위기를 맞았다. 이로 인해 지구에 존재했던 생물의 99%가 멸종했다. 다행히 멸종되지 않은 생명체가 진화하여 1억 3천만 년 전에 최초의 꽃 '암보렐라 트리코포다'가 꽃을 피웠다. 그 꽃이 진화하여 열매를 맺음으로써 동식물들이 번성하여 지금의 지구를 형성하게 되었다.

그런데 인류의 조상은 5백만 년 전에 출현하여 삼라만상이 존재하는 지구를 지배하고 있다. 고등생물 종의 평균수명은 4백만 년에 불과하다. 그러므로 '호모 사피엔스' 한 종뿐인 현생 인류가 수많은 동식물이 살고 있는 지구에서 영원히 존재할 것처럼 군림해서는 안 된다.

더구나 2050년이면 세계 인구가 1백억 명에 이르고, 기하급수적인 인구증가로 지구환경이 급격히 파괴되어 인류가 위험에 직면할 것이라고 한다. 지금까지 지구의 멸종은 자연재해에 의한 것이었지만 앞으로의 멸종은 인간의 책임이라고 한다. 만약 인간이 지구에서 무분별하게 자연 생태계를 파괴하고 환경을 오염시켜 꽃이 피지 않고 씨앗을 맺지 못하게 된다면 동식물뿐만 아니라 인간도 생존할 수 없을 것이다.

인간의 멸종은 지구뿐만 아니라 우주도 공멸하게 될지도 모른다. 우주에는 10^{23}개의 별이 있기 때문에 지구환경과 유사한 수많은 행성뿐만 아니라 떠돌이별에도 생명체가 존재하리라 추측하고 있다. 그렇지만 오직 지구에만 생명체가 존재한다면 지구의 멸망은 곧 우주 전체가 생명이 없는 공허한 시 · 공간으로 남게 될 것이다.

그래서 유엔을 비롯하여 세계 각국에서는 지구를 살리기 위해 온갖 노력을 다하고 있다. 왜냐하면 지구는 인간만의 것이 아닌 모든 동식물이 살아가야 할 터전이기 때문이다. 그러므로 인간은 자기들의 욕심을 채우기 위해 지구환경을 오염시키고 생태계를 파괴해서는 안 된다.

그 중의 하나가 지구 온난화를 예방하고 생태계를 복원하기 위해 '푸른 숲 가꾸기'를 하고 있다. 공해로 오염된 도시를 정화하여 아름답고 깨끗한 환경을 만들기 위해 녹색운동을 전개하고 있다. 그리하여 다 같이 살기 좋은 지구를 만들어 아름다운 자연과 더불어 행복한 삶을 유지하며 영원히 생존할 수 있도록 하기 위한 것이다.

그래서 나는 수년 전부터 환경보전에 관심을 갖고 '학교숲 가꾸기'를 실천해왔다. 4개 중 · 고등학교에서 교장과 교감을 하면서 학생들과 함께 나무를 심고 화초를 가꾸며 학교환경을 아름답게 조성해왔다. 그 결과 '아름다운 학교숲 가꾸기' 우수상과 '수기 공모전'에서 금상을 수상했다.

그러나 내가 살고 있는 이 도시는 환경을 개선하려는 노력이

미흡한 듯하다. 왜냐하면 이 지역은 해가 갈수록 공해와 오염이 심해지고 자연환경이 나빠져 지금까지 이주하지 않고 살던 사람들마저 떠나가고 있기 때문이다.

나 역시, 한밤중에 공장에서 몰래 내뿜는 시커먼 연기와 독한 냄새가 밤하늘을 뒤덮을 때면, 열꽃처럼 피어나는 두드러기 때문에 온몸이 가려워 잠을 잘 수가 없었다. 더구나 내가 키우던 식물도 물과 공기가 오염되었는지 꽃이 피는 계절인데도 꽃은 피지 않고 죽어버리고 말았다.

국가산업단지 내에 위치하고 있는 학교는 제철소와 화력발전소가 인근에 있고 많은 공장들이 밀집해 있어, 공해와 오염 피해가 심각하여 학생들이 학교생활을 정상적으로 할 수가 없었다. 게다가 바다모래로 지은 오래되고 낡은 본관 건물의 일부가 붕괴되어 위태롭기 때문에 더 이상 학교를 유지할 수가 없었다. 교장인 나는 학부모와 지역민의 의견을 수렴하여 교육환경이 좋은 인근 학교와 통폐합을 힘겹게 추진했다.

결국 우리들은 인간에 의해 파괴된 자연환경에서 더 이상 살 수가 없었다. 어쩔 수 없이 학교를 폐교시키고, 선생님과 학생들은 이듬해 꽃이 피기 전에 공해가 적고 오염이 덜 된 자연환경이 좋은 곳으로 모두 떠나갔다.

기후변화로 인한 인류의 멸망

하얀 눈이 내려야 할 겨울에 비가 내리고 있다. 지난 여름에는 가뭄이 극심하더니, 올 겨울에는 엘리뇨 현상으로 날씨가 따뜻하고 장마처럼 비가 자주 내리고 있다. 더욱이 이상기온으로 계절의 순환이 불규칙하여 봄꽃들이 겨울인 데도 철없이 피었다가 시들어버린다.

그런데 날이 갈수록 공해와 오염이 심해지고 생태계가 파괴되어 많은 동식물이 죽어가며 인간도 살기 어려운 환경으로 변해가고 있다. 이렇게 지구환경이 급격히 악화된 것은 최근 100여 년 동안 인간이 저지른 과학기술의 과오 때문이다.

지구는 46억 년 전에 생성되어 35억 년 전에 생물이 출현한 이후, 그동안 모든 동식물은 서로 공존하며 살아왔다. 그러나 500만 년 전에 아프리카에서 인류의 조상인 유인원이 분화하여 20만 년 전에 현생 인류가 등장한 이후 자연 생태계를 파괴하면서 멸종의 길을 가고 있다.

현재 지구에는 약 1250만 종의 생물이 살고 있다. 이 중에서 이름을 붙인 것은 175만 종밖에 안 된다. 그런데 매년 2만 5천~5만 종의 생물이 사라지고 있다. 우리가 100년 동안 파괴한 생물종을 복원하려면 500만 년이 걸린다. 그래서 환경부에서는 멸종위기종 1급, 2급으로 나누어 246종을 지정하여 보호하고 있다.

지구가 탄생한 이후 지금까지 다섯 번의 멸종 위기를 맞았다. 대부분이 자연현상에 의한 것이었지만 앞으로의 멸종은 인간 때문이라고 한다. 그 중에는 급속한 인구증가가 문제이다. 20세기 초 16억 명이던 세계 인구가 현재 73억 명에 이르고 있다. 지구의 한계 인구는 10억 명인데, 2050년에는 100억 명을 돌파할 것이라고 한다.

인구증가는 식량, 물, 천연자원 등의 부족을 가져와 지구의 생명을 단축시키는 주된 원인이 되고 있다. 또한 인구증가는 지구 온난화를 가속화시켜 기상이변과 동식물의 생존에 위협을 주고 있다. 인간이 산림을 개발하여 농경지나 목초지로 만들면서 지구 산림의 30%가 사라졌다. 이로 인해 산림에 사는 척추동물의 25%가 멸종됐으며, 식물 중 14%가 멸종 위기에 처해 있다.

그리고 기후변화로 인해 가뭄, 홍수, 한파 등 자연재해가 발생하여 농수산물의 감소로 매년 수천만 명이 굶어 죽고 있다. 더욱이 온실가스로 인한 지구 온난화가 계속되면 빙하가 녹아 해수면이 높아지면서 몰디브, 투발루 같은 남태평양의 섬나라가 물에 가라앉

게 되고, 뉴욕, 상하이 등의 도시가 물에 잠기게 된다.

더욱이 공해로 인한 베이징의 대기오염이 기준치를 40배나 초과하고 있다. 대기오염인 초미세 먼지는 1급 발암물질로 중국과 가까운 한국은 위험 수준에 이르고 있다. 만약 한 종(種)뿐인 인류에게 공해로 치료 불가능한 전염병이 발생할 경우, 세계 곳곳으로 일시에 퍼져나가 인류는 멸종할지도 모른다.

이와 같이 세계 각국은 기후변화로 인한 자연재해와 질병 등의 피해가 심각해지자 지난해 12월 프랑스 파리에서 195개국이 모여 기후변화협정에 합의했다. 주요 내용은 지구 평균기온 상승을 1.5도 이하로 제한하며, 온실가스를 감축하고, 기후변화로 인한 손실과 피해에 대응하기 위해 재원을 마련하는 등 다양한 노력을 하기로 했다. 그러나 각국이 감축 목표량을 모두 달성한다고 하더라도 2.7℃ 상승이 예상되는 상황인데, 과연 이를 철저히 지킬지도 의문이다.

세계 각국은 기후변화로 인한 재앙이 인류를 위협하게 된다는 사실을 알면서도 이제까지 방관해오다가 뒤늦게 위기의식을 느끼게 된 것이다. 그러므로 우리는 자연을 파괴하고 공해와 오염으로 동식물이 살지 못한다면 결국 인류도 멸망하게 된다는 사실을 알아야 한다.

따라서 더 이상 기상이변에 의한 자연재해가 발생하지 않도록, 더 이상 많은 동식물들이 멸종되지 않도록, 더 이상 우리가 숨 쉬고 마실 공기와 물이 오염되지 않도록, 우리 모두가 죽어가는 지구를 살리기 위해 다 같이 동참해야 되지 않겠는가?

인류를 위협하는 전염병

지구의 종말을 예언한 대재앙은 아직까지 발생하지 않았다. 마야문명의 달력, 노스트라다무스의 그림 예언, 주역이나 웹봇의 예언은 허구에 지나지 않았다. 그러나 최근에 미국의 과학자 중에는 100년 안에 여섯 번째 대멸종이 오면 인류의 종말이 올지도 모른다고 경고했다.

지구는 46억 년 전에 생성되어 35억 년쯤 생명이 탄생했다. 박테리아와 같은 원시 생명체가 광합성작용으로 산소를 만들어내고, 새로운 종이 탄생하여 진화해왔다. 생물 종의 진화와 함께 다섯 차례 멸종이 있었으며, 그 과정 중에 지구 생물의 99%가 사라지고 새로운 종이 탄생하기도 했다.

인류는 500만 년 전에 유인원에서 진화하여 100만 년 전에 20여 종의 조상 중에서 현생 인류인 호모 사피엔스가 20만 년 무렵에 등장했다. 대형동물인 인류가 오직 한 종만으로 73억이라는 개체수를 유지할 수 있는 것은 다른 생명체에 비해 우월한 지능을 가졌기 때문이다. 그런데 인류는 지구를 자기들만의 것인 양 지배하면서 환경을 오염시키고 생태계를 파괴하여 전염병의 원인을 제공하고 있다.

최근 들어 지구환경 변화로 조류 독감, 광우병, 구제역, 사스, 신종 플루 등 새로운 전염병이 만연하면서 이들 생물학적 침입자들이 인류의 생존을 위협하고 있다. 더구나 세계가 지구촌화되면서 각종 바이러스, 박테리아, 곰팡이 등의 돌연변이가 일어나 백신이나 항생제로도 치료할 수 없는 슈퍼 전염병이 유행할 경우 세계 어디라도 빠르게 퍼질 수 있어 인류가 멸종할 수도 있다.

인류 역사에서 가장 큰 위협은 전쟁, 굶주림, 전염병이었다. 전쟁이나 굶주림은 인간이 통제할 수 있지만 전염병은 속수무책인 경우가 많았다. 전염병은 한번 창궐하면 인명 피해가 막대하여 국가가 멸망하거나 사회가 해체되어 역사의 흐름을 바꿔놓기도 했다. 천연두를 비롯하여 페스트, 한센병, 매독, 콜레라, 황열병, 말라리아는 인류의 역사를 바꾼 전염병들이다. 14세기 유럽에서는 흑사병(페스트)이 만연하여 인구의 절반이 죽었으며, 봉건제도가 무너졌다.

전염병의 원조인 천연두는 기원 전 12세기경 이집트에서 발병하여 인도, 중국을 거쳐 전 세계로 퍼지면서 3000년 동안 3억 명 이상의 목숨을 앗아갔다. 1519년 멕시코를 침략한 스페인 군대는 원주민들에게 천연두를 퍼뜨려 잉카제국을 정복했다. 그러나 천연두는 1979년 말 지구상에서 완전히 사라졌다.

최근 100년 동안 100만 명 이상의 사망자를 낸 전염병은 에이즈, 스페인 독감, 아시아 독감, 홍콩 독감, 에볼라, 콩고 홍열, 서아프리카 뇌수막염, 사스가 있다. 그 중에서 에이즈는 50년 동안 3900만 명의 목숨을 앗아갔다. 이러한 질병들은 인류를 괴롭혀 온 재앙으로 앞으로도 인류를 멸종시킬 위협의 대상이 되고 있다.

우리나라에서는 2015년 5월 중동을 다녀온 메르스 감염환자 한 사람을 초기에 제대로 관리하지 못하여 186명이 감염되고 36명이 사망한 전염병 대란이 발생했다. 정부와 병원의 허술한 방역체계로 온 국민들이 불안에 떨고, 경제적으로 막대한 손실을 입힌 메르스 사태가 3개월 만에 종결되었다.

앞으로 메르스보다 더 강력한 치명적인 병원체가 전 세계로 전염된다면 호모 사피엔스 한 종뿐인 인류가 한꺼번에 멸종될 수도 있다. 그렇기 때문에 인류의 종말을 가져올지도 모를 전염병에 대한 위협을 염려하지 않을 수 없는 것이다.

죽어서 나무가 되는 수목장

"나는 죽어서 나무가 되고 싶다. 무슨 나무가 될까? 이미 나무를 뜻하였으니 진달래가 될까, 소나무가 될까는 가리지 않으련다." 이양하는 〈나무〉라는 수필에서 '죽어서 나무가 되고 싶다'고 했다.

최근 들어, 우리 국토가 공동묘지화 되는 것을 막자는 공감대가 형성되면서 국민들의 80% 이상이 화장을 원하며 수목장을 선호하고 있다. 시민의식 조사에 의하면, 우리 국민의 68%가 사후에 수목장을 하겠다고 한다. 그리고 김성훈 상지대 총장 등 각계 인사 500여 명은 수목장을 실천하는 모임을 발족했다. 또한 지방자치단체에서는 수목장림을 조성하고 관련 조례를 만들어 수목장을 장려하고 있다.

'수목장(樹木葬)'이란 사람이 죽으면 화장을 하여 나무의 뿌리에 묻고, 그 나무와 함께 영생한다는 것으로 자연의 섭리에 따르는 친환경적인 장묘 방법이다. 수목장은 1999년 스위스에서 처음 시작하여 지금은 독일, 영국 등 유럽에서 널리 시행하고 있다. 우리나라에서는 2004년 고려대 농대 학장이었던 김장수 교수의 유언에 따라 처음으로 수목장을 실시한 후, 전국적으로 수목장이 크게 확산되고 있다.

사람이 죽으면 매장, 화장, 조장, 풍장 등 종교나 관습에 따라 장묘를 한다. 그런데 한국 사람들은 명당에 묫자리를 쓰면 발복한다는 풍수사상을 아직도 신봉하는 사람들이 많다. 그래서 매장을 하며, 청명 · 한식날이면 조상의 묘소를 이장하느라 산림이 훼손되고 산불까지 발생하고 있다.

보건복지부가 항공사진과 현장조사를 통해 전국 묘지현황을 파악한 결과, 전국 분묘 수는 1435만 기에 이르며, 이는 여의도 면적(2.9km²)의 246배, 서울시 면적(605.3km²)의 1.2배인 것으로 추정하고 있다. 더욱이 매년 20여 만 기의 묘지가 새로 생기면서 여의도 면적의 2배가 묘지로 없어지고 있다. 이렇게 많은 묘지 때문에 국토 개발이나 산림 이용에 장애가 되고 있다.

이러한 매장의 폐단을 해소하기 위해 화장한 유골을 자연으로 돌아가게 하는 '에코 다잉(eco-dying)'이 호응을 받고 있다. 이와 같은 것으로 수목장뿐만 아니라 꽃동산에 유골을 묻는 '정원장'과 바다에 유골을 뿌리고 부표를 만드는 '해양장' 등이 있다.

서양에는 묘지가 교회나 마을 근처에 있어 공원처럼 가꾸고 있다. 그뿐만 아니라 미국에서는 우주 장례식으로 유골을 캡슐에 넣어 우주로 쏘아올리고 있다. 이처럼 각 나라에서는 친환경적인 장묘문화를 모색하고 있다. 그렇지만 그 중에서도 가장 각광을 받고 있는 것이 수목장이다.

수목장은 자연 친화적인 것으로 인생과 같다. 인생은 '빈손으로 왔다가 빈손으로 간다.(空手來 空手去)' 생전에 부귀영화도 사람이 죽고 나면 한낱 일장춘몽에 불과한 것이다. 결국 사람은 '못 하나의 철분과 50갑의 성냥을 만들 인과 닭장 하나 하얗게 칠할 석회'만 남기고 이 세상에서 사라져 자연으로 돌아간다.

그런데 무엇 때문에 호사스러운 묘지를 만들어야 한단 말인가? 이제는 시대의 흐름에 따라 장묘문화도 달라져야 한다. 국토를 훼손하는 매장보다는 '죽어서 한 그루의 나무가 되는 수목장'이 좋지 않겠는가?

도깨비가 사는 마을

동화 같이 아름다운 고향

내가 태어나서 자란 광양읍은 배산임수의 지형을 갖춘 천혜의 명당이다. 북쪽에는 백두대간의 끝자락인 백운산(1218m)이 높이 솟아있고, 좌우로는 동천(東川)과 서천(西川)이 광양만으로 흘러 섬진강(212km)과 바다에서 만나는 자연경관이 아름다운 고장이다.

광양(光陽)은 한자 그대로 '밝고 따뜻한 고을'이다. 그래서 광양은 전국에서 일조량이 가장 많으며, 기후가 온화하고 강우량이 많아 농산어촌의 생산물이 풍족하여 구석기시대부터 사람들이 모여 살기 시작했다.

광양의 지명은 백제시대에는 '마로현(馬老縣)', 통일신라시대에는 '희양현(晞陽縣)', 고려 태조(940년) 때부터 '광양현(光陽縣)'이라 불렀으며, 1995년에 광양군이 시로 승격한 후 광양제철과 광양항만이 있는 산업도시로 발전하고 있다.

이처럼 자연이 아름답고 살기 좋은 고장에 태어나서 자란 나는, 어릴 때 어른들로부터 재미있는 옛날 이야기를 많이 듣고 자랐다. 어머니와 외할머니, 동네 어른들한테서 들은 이야기는 구전되어 오는 전설이나 민담이 대부분이다. 대개 그러한 이야기는 외할머니가 광양읍으로 시집을 와서 동네 할머니에게서 들었고, 그 할머니는 도깨비를 보았다는 어느 할아버지한테 들었다고 하나, 그 이야기들이 듣고 전해지는 과정에서 할머니, 할아버지의 경험담과 입담을 보태서 전해져오다가 언제부턴가 잊혀져가고 있었다.

어린 시절 동화와 같은 고향에서, 어른들이 들려주던 전설이나 민담 그리고 구비 전승되던 설화를 어렴풋한 기억을 되살려 작가의 상상력으로 도깨비 이야기를 창작해보고자 한다.

도깨비와 함께 자란 어린 시절

옛날에는 도깨비들이 참 많았다. 그래서 옛날 사람들은 도깨비와 더불어 살았다. 문명이 발달하지 못한 옛날에는 어두운 밤이면 헛것이 도깨비로 보였다. 더욱이 몸이 약한 사람은 헛것에 놀라 죽기도 했다.

내가 어릴 때 이웃집 할아버지는

"도채비 허고 씨름을 헐 때는 왼 다리를 잡아야 이기는 기여."

"오른 다리는 힘이 무지하게 쎄기 때문에 힘쎈 장사라도 이길 수 없는 것이어."

"왼 다리는 헛깨비랑께."

그런데 그것을 잊어버리고 도깨비의 오른쪽 다리를 붙들고 밤새도록 씨름을 하다가 지쳐 쓰러져 죽은 사람도 있었다.

도깨비는 사람이 죽은 뒤에 생기는 귀신과는 달리 사람의 모습이나 도깨비불로 나타난다. 대개 도깨비는 빗자루, 짚신, 부지깽이, 절굿공이, 도리깨 등 오래 쓰다버린 일상용품이 변해서 된 것으로 동굴이나 오래된 폐가, 당산나무 고목 속에 살며 밤에만 활동한다. 사는 곳에 따라 산도깨비, 물도깨비, 바다도깨비, 수풀도깨비 등으로 구분한다.

도깨비는 어린 아이가 죽어서 되기도 한다. 그래서 도깨비는 사람을 놀라게 하거나 장난치기를 좋아하지만 사람을 해치지 않는다. 또한 도깨비는 초인적인 능력을 가지고 있어 도깨비 방망이를 두드리면 돈과 보물이 쏟아진다. 그래서 가난하고 착한 사람을 도와주고, 못된 사람을 골탕 먹이기고 한다. 그러나 결국은 자신이 속고 마는 어리석음 때문에 사람들이 친근하고 익살스럽게 여긴다.

이러한 도깨비의 신통력 때문에 옛 사람들은 도깨비에 대한 호기심이 많았다. 내가 어릴 때만 해도 도깨비를 보았다는 사람도 있었고, 도깨비에게 홀린 이야기가 수없이 많았다. 이와 같이 도깨비는 오랜 세월 사람들과 희로애락을 함께 하면서 우리 겨레와 더불어 살아왔다.

더구나 나는, 도깨비가 김(金)씨가 되었다는 김씨 성을 가진 사람으로 어릴 때 별명이 도채비, 도치기였다. 그래서 도깨비에 대한

에피소드가 누구보다도 많다. 아마 나는 전생에 도깨비였는지도 모른다.

사람과 도깨비의 내기 시합

옛날에는 밤과 낮의 구별이 없이 사람과 도깨비가 뒤섞여 살았다. 그런데 사람과 도깨비가 밤낮 없이 돌아다니다 보니 서로 부딪쳐 싸우는 일이 많았다. 그래서 사람 대표와 도깨비 대장이 서로 만나서 협상을 했다. 내기를 하여 이기는 쪽이 낮과 밤 중에서 하나를 먼저 선택하기로 했다.

성질 급한 도깨비 대장이 먼저 문제를 냈다.

"백두산 천지는 잔으로 몇 잔이 되겠는가?"

사람 대표가 곰곰이 생각하더니, "한 잔이오"라고 대답했다.

도깨비 대장이 "왜 한 잔밖에 되지 않는가?"라고 물으니,

사람 대표가 말하길 "백두산 천지만한 큰 잔에 담으면, 한 잔밖에 되지 않느냐"라고 대답하니,

도깨비 대장이 "맞소"라고 했다.

다음은 사람 대표가 문제를 냈다.

"내가 앞으로 넘어질 것 같소? 뒤로 넘어질 것 같소?"라고 물으니,

도깨비 대장이 "사람은 앞으로 걸어가니, 앞으로 넘어질 것이오"라고 대답했다.

사람 대표가 "아니! 이렇게 뒤로 넘어지지 않소"라고 하니,

도깨비 대장이 "내가 졌소"라고 하여 도깨비가 내기 시합에서

졌다.

그래서 그 후부터 사람은 밝은 대낮에 다니고, 도깨비는 어두운 밤중에만 다니게 되었다는 이야기가 전해온다.

잉어산 도깨비 이야기

예로부터 광양은 강우량이 많아 물이 풍부한 고장이다. 다른 고장에 비해 물 걱정이 없는 까닭은 전남에서 가장 높은 백운산에 구름이 지나가다 산꼭대기에서 비를 뿌리는 일이 잦기 때문이다. 그래서 백운산 골짜기에서 흘러내린 물이 일 년 내내 동곡계곡, 성불계곡, 금천계곡, 어치계곡을 거쳐 광양만으로 흘러간다.

내가 살던 광양 읍내는 여름철이면 서천과 동천에서 물난리가 자주 일어났다. 백운산 자락에는 민둥산이 많아 폭우가 쏟아지면 동곡계곡에서 흘러내린 물이 동천으로 쏟아지고, 성불계곡에서 흘러내린 물이 서천으로 밀려들어 홍수가 났다. 백운저수지가 생기기 전에는 돈뱅이 마을이 홍수가 나서 마을 전체가 사라져버리기도 했다. 여름 장마철만 되면 백운산 골짜기에서 한꺼번에 붉은 흙탕물이 밀려와 집이 무너지고, 사람과 가축이 떠내려갔다. 더구나 농토가 물길에 휩쓸려 농사를 지을 수가 없어 먹고 살 길이 막막하던 해도 있었다.

그 당시에는 보릿고개가 있어 굶어 죽는 사람들이 많았다. 파아란 하늘 아래 푸르른 보리밭길을 걸어가노라면, 굶어 죽은 거지들이 낮도깨비처럼 보리밭에 널브러져 있었다. 물난리가 나던 그 해도 거지들이 많이 죽었다. 아침, 저녁밥 때면 동네에 나타나던 할애비 거지도, 미친 에미 거지도 보리밭에 쓰러져 있었다. 설익은 청보리를 한입이나 입에 물고 죽어있었다.

서천 건너편 산 밑에는 외딴집이 있었다. 쓰러져가는 초가집에는 날품팔이하는 김서방과 아내 그리고 어머니와 병든 딸이 살고 있었다.

어느 해엔가, 사흘 밤 사흘 낮 동안 비가 쏟아졌다. 폭포수 같은 비가 퍼붓자 강둑이 무너지고, 강물이 범람하여 논과 밭이 물길에 휩쓸려갔다. 어디가 땅이고, 어디가 하천인지 분간할 수 없을 정도로 온 천지가 물바다가 되어버렸다.

야트막한 야산 자락에 살던 김서방은 집에 물이 차오르자 가재도구를 챙길 겨를도 없이 산등성이로 가족을 데리고 피신을 했다. 그런데 산이 높지 않은 야산이라 쓰나미가 덮치듯 물이 차올라 몹시 위태로웠다. 김샌은 안절부절못한 채 세차게 쏟아지는 빗줄기를 바라보며 간절히 애원했다.

"천지신명이시여! 우리 가족을 도와주십시오."

"천지신명이시여! 불쌍한 우리 딸을 구해주십시오."

김서방의 간곡한 절규와 딸의 울부짖는 소리가 허공에 메아리쳤다. 그때 명암(鳴巖) 마을에서 울바구 우는 소리가 메아리처럼 들려왔다.

그런데 갑자기 칠흑 같이 어두운 밤중에 천둥 벼락소리가 들리더니 도깨비가 나타났다. 도깨비를 보자 모두 놀라 아무 말도 못하고 벌벌 떨고 있었다. 그때 김서방이 용기를 내어 큰 소리로 물었다.

"너는 누구냐?"

도깨비가 대답했다.

"나는 이 산을 지키는 도깨비다."

김서방이 말했다.

"그러면 빨리 이 산이 물에 잠기지 않도록 하여 우리를 구해줘라"

도깨비가 "알았다"고 말한 후, 어디론가 사라져버렸다.

잠시 후, 도깨비는 엄청나게 큰 잉어를 잡아왔다.

"이 놈이 용왕의 명을 받아 서천을 물바다로 만들려고 한다. 그러니 이 놈을 이 산에 붙들어 매놓아야 한다."

도깨비에게 잡혀온 잉어는 힘이 무척 세었다. 꼬리지느러미를 퍼덕일 때마다 큰 파도가 일렁거렸다. 한참 동안이나 잉어와 실랑이를 벌이던 도깨비가 힘이 부치는 듯 김서방에게 도움을 청했다.

"이 놈을 붙들어 매놓아야 하니, 칡덩굴을 잉어에게 던져라!"

김서방은 혼신의 힘을 다해 산에 널려 있는 칡덩굴을 거둬 잉어에게 던졌다. 칡덩굴에 뒤엉킨 잉어가 움직이지 못하자 거센 빗줄기가 멈추면서 어느새 산봉우리까지 차올랐던 물이 서서히 빠져나갔다. 새벽이 밝아오자 도깨비는 온데간데없이 사라지고, 잉어처럼 생긴 산만 그 자리에 남아있었다.

그런데 물에 빠지지 않으려고 칡덩굴을 붙들고 있던 딸아이가 보이지 않았다. 딸아이는 김서방이 잉어에게 칡덩굴을 던질 때 함께 딸려갔던 것이다. 갑자기 비가 그치고 물이 빠진 것은 아마 인당수에 몸을 던진 심청이처럼 용왕의 제물로 바쳐진 그 딸아이의 영험이었는지도 모를 일이다.

그 후부터 이 산을 '잉어산'이라고 불렀다. 지금의 광양고등학교 뒷산인 잉어산과 도깨비에 얽힌 전설이다. 예전에 잉어산은 칡덩굴이 우거진 야산이었다. 그 산자락에 복숭아밭이 있었다. 그 복숭아밭에다 1987년에 광양고등학교를 세웠다.

서산 도깨비 이야기

서천에는 물이 맑아 은어와 징게미, 다슬기와 반딧불이가 살고 있었다. 그런데 서천 건너 서산에는 밤이면 반딧불처럼 도깨비불이 휙휙 날아다녔다. 달빛이 부옇게 비치는 흐린 날이면 도깨비불은 더욱 더 극성을 부렸다. 마을 어른들은 올해는 유난히 도깨비불이 많이 떠돈다고 했다. 어떤 이는 물난리가 나서 사람이 많이 죽은 뒤부터 도깨비불이 많아졌다고 했다.

그 해는 여느 해보다 보릿고개가 심해 굶어 죽은 사람들이 많았다. 그래서 풋보리를 베어다 죽을 쑤어 먹거나, 파란 하늘이 비치는 밀죽을 먹으며 목숨을 연명하는 사람도 있었다.

어느 날 객지에서 흘러들어와 김부잣집 머슴으로 빌붙어 사는 박샌이 술이 만취가 되어 푸념을 하고 있었다.

"자식이라고 한 놈 있는디,"

"먹을 것이 없어 굶어 죽고, 자식 새끼 데지자 마누라도 미쳐 도망가버리고…."

"이 놈의 신세, 어이! 어이!"

술이 취해 울부짖으며 신세타령을 하고 있었다.

그 모습을 바라보고 있던 동네 어른 중에 한 사람이 달래면서 도깨비 이야기를 했다.

"어이, 머시기! 요즘 서산에 거시기가 있는디, 자네가 한 번 가 볼랑가?"

술이 취해 울던 박샌이 머시기, 거시기란 말에 눈이 뚱그래지며,

"도채비 말이지라우?"

"아, 글쎄 세상에 무신 변고가 생길랑가 서산에 도채비불이 밤마다 돌아다녀!"

"자네가 그 놈을 잡아오면 술 한 동이 사지."

술이 취한 박샌은 쇠스랑을 둘러메고 서천을 건너 서산엘 갔다. 아무리 술이 취한 객기라도 한밤중에 산 속에 혼자 간다는 것은 여간 담력이 크지 않고서는 되지 않는 일이었다.

박샌이 돌아왔다고 동구 밖이 시끄러웠다. 달려나가 보니 박샌의 쇠스랑에는 해골바가지가 걸려 있었다. 아낙네들은 무서워 모두 도망가버렸다.

도깨비불은 혼불이라고도 하는데, 사람이 죽으면 뼈에서 인(인

화수소)이 나와 그 빛이 밤하늘에 떠돈다고 한다. 또는 밤에 야생 길짐승이 인골을 물고 다니는데 그것이 도깨비불처럼 보인다. 그런데 도깨비불이라고 잡아온 박샌은 인골을 쇠스랑에 찍어가지고 왔던 것이다.

그 후 사건이 생겼다. 동네 처녀가 서산에 있는 공동묘지에서 발가벗긴 채로 죽임을 당했다. 순사가 범인을 잡지 못하고, 수사는 미궁에 빠지게 되었다. 소문만 뒤숭숭 어지럽게 떠돌고 있었다.

그런데 사건이 발생한 지 며칠 후, 또 다시 서산 공동묘지 골짜기에서 살인 사건이 발생했다. 정신병자의 소행이라거니, 치정에 얽힌 원한으로 여자를 죽였다느니, 소문만 흉흉했다.

그러던 어느 날, 순사가 "밤에 그곳에 가서 함께 잠복을 할 사람이 없느냐?"고 물었다. 이 일에 협조할 경우, 쌀 한 포대를 주겠다고 제안했다. 아무도 협조하는 사람이 없었다. 평소에 좀 모자란 듯 어리숙한 박샌이 나섰다.

"내가 가지라우. 내 목숨은 살아있는 목숨이 아닌깨."

"쌀밥이라도 한 번 실컷 먹어 볼라요."

김부자는 몇 번이고 말렸지만 박샌이 워낙 황소고집이라 어쩔 수 없었다. 그리하여 사건이 예상되는 날, 그 지점에서 순사와 박샌이 함께 잠복하기로 했다.

약속한 날 밤, 하필 비가 쏟아졌다. 여름비가 치렁치렁 내리니 으시시 추위가 밀려왔다. 박샌은 겨울에 입는 두꺼운 코트를 입고 쇠망치와 작은 말뚝을 들고 산으로 갔다. 그곳에 잠복해 있었다는 증거로 그 지점에 말뚝을 박기로 약속했기 때문이다.

초저녁에 산에 올라간 박샌이 자정이 지나도 돌아오지 않았다. 동네 사람들은 걱정을 태산같이 했다. 순사는 먼저 산에서 내려오고 애꿎은 박샌만 화를 당한 것이라고 했다.

새벽녘이 가까워오자 남정네들은 횃불을 들고 서산 공동묘지가 있는 골짜기로 향했다. 멀리서 박샌이 외치는 소리가 메아리가 되어 들려왔다.

"놔라, 이놈아!"

"놔라, 이놈아!"

"놔라, 이놈아!"를 반복해서 외치는 소리가 피를 토하듯 골짜기에 처절하게 메아리가 되어 울부짖고 있었다.

동네 사람들이 가까이 다가가보니, 박샌은 말뚝을 두꺼운 코트 자락에 박고 일어나지 못하고 있었다. 아마 술이 취한 박샌은 도깨비가 자기를 잡고 놔주지 않는다고 생각했을 것이다.

그 후, 박샌은 도깨비에 홀린 듯 헛소리를 하며 제 정신이 아니었다. 시들시들 아파 눕던 박샌이 세상을 떠나자 동네 사람들은 그가 말뚝을 박았던 공동묘지 그 자리에 묻어주었다.

훗날 마을 사람들은 박샌이 서산 도깨비와 친구가 되었을 거라고 이야기했다.

우리들은 할머니가 들려주던 도깨비 이야기를 듣고, 서산에 있는 공동묘지 그 골짜기를 가 보고 싶었다. 그렇지만 도깨비나 귀신이 살고 있을 것 같아 감히 엄두를 내지 못했다.

용감한 동무가 말했다.

"밤에는 도깨비가 나타날지 모르니, 낮에 가 보자."

용기 있는 동무들과 함께 들을 지나고, 내를 건너서, 산으로 갔다. 민둥산으로 에워싸인 오솔길을 굽이돌아 산 속 깊숙이 들어갔다. 낯선 산 속에는 도깨비들이 모여 있는 듯 웅얼웅얼 도깨비 소리 같은 바람 소리가 났다. 바람 소리는 숲 속 나뭇가지 사이를 빠져나와 계곡물이 흐르는 골짜기 속으로 사라져버렸다.

"잠깐! 이상한 물체가 움직여…."

숲이 우거진 음습한 곳에 이르자 앞서 가던 동무가 걸음을 멈췄다. 갑자기 수풀 속에서 놀란 장끼 한 마리가 긴 울음소리를 내며 푸드득 날아갔다. 모두들 소스라치게 놀랐다. 너무 놀랐는지 아무도 먼저 나서는 동무가 없었다. 다들 슬금슬금 뒷걸음질만 치고 있었다.

우리들의 모습을 보고 있던 산새들이 "킥킥킥 째액 째액" 웃고 있었다.

그 날은 도깨비는커녕 도깨비가 산다는 골짜기 근처에도 가 보지 못했다.

서산 도깨비 이야기는 삶의 희망이 없던 어려운 시절에 우리들에게 삶의 활력소가 되었다. 사실 도깨비는 인간이 창조해낸 상상의 세계이지만 서민들의 삶의 모습이 그대로 반영된 우리들의 자화상이었다. 가난했던 시절에 우리들은 도깨비 이야기를 들으며 웃음으로 눈물을 닦으며 살았다.

동심의 세계와 사는 도깨비

서천을 중심으로 도깨비가 나타났던 잉어산과 서산은 광양 사람들의 희비애환이 깃든 곳이다. 서산과 서천은 단순히 산은 산이요 물은 물이 아니라, 산이 있고 물이 있는 곳에 광양 사람들의 삶의 흔적이 그대로 질펀하게 녹아있었다.

특히 서산 자락에는 개머리가 있는데, 개머리에는 서천의 흘러가는 물을 막은 보와 수문이 있었다. 매년 여름이면, 수문 아래에서 물놀이를 하던 아이들이 물에 빠져 죽었다. 그리고 그 아래 도치바구(回巖)에서도 멱을 감던 아이들을 물귀신이 잡아갔다. 그곳에서 물놀이를 하지 못하게 하지만, 철부지 아이들은 아랑곳없이 물놀이를 하다가 물에 빠져 죽어 서산 공동묘지에 묻히고, 도깨비가 되었는지도 모른다.

몇 해 전에, 서산 아래 개머리에는 도깨비불처럼 신비한 불빛과 아름다운 음악이 흐르는 분수가 설치되었다. 여름밤이면 도깨비가 나타났던 서천에 도깨비불 같은 분수를 보면서, 아직도 도깨비의 설화가 이 시대에도 면면히 이어져가고 있음을 느낄 수 있었다.

앞으로 서산 자락에는 우리 선조들이 도깨비처럼 살았던 비현실적인 이야기를 형상화하여, 상상력을 길러줄 수 있는 동화의 세계와 같은 테마파크를 조성하는 것도 좋을 듯싶다. 그리하여 어린이들뿐만 아니라 동심의 세계로 돌아가고픈 기성세대들에게도 정겨운 고향이 되었으면 좋겠다.

진달래꽃이 필 때면

꽃샘바람이 불면 봄꽃들이 온 산야에 들불처럼 피어난다. '봄'이 '보다'에서 나왔듯이, 겨울의 추위를 이겨내고 꽃을 피우는 봄꽃들은 참으로 보기에 아름답다. 그 중에서도 온 산하를 연분홍빛으로 물들이는 진달래꽃은 우리 겨레의 정서와 어울리는 가장 한국적인 꽃이다.

진달래꽃은 예로부터 우리 겨레와 친근한 꽃이었다. 진달래는 신라의 향가인 〈헌화가〉와 고려 가요인 〈동동〉 조선시대의 가사인 〈상춘곡〉에도 나오고, 신윤복의 풍속화에도 진달래꽃이 그려져 있다. 그뿐만 아니라 김소월의 시 〈진달래꽃〉은 지금까지 많은 사람들에게 애송되고 있다. 그만큼 진달래꽃은 우리나라 어디에서나 자생하는 꽃으로 우리 겨레의 정서가 깃들어 있는 꽃이다.

또한 세시풍속인 음력 삼월 삼짓날에 답청이라 하여 야외에서 화전놀이를 할 때, 진달래꽃으로 화전을 만들어 먹었다. 그리고 두견주, 두견화채, 두견화면, 두견화차를 만들어 즐기기도 했다. 지금도 진달래꽃이 필 때면, 진달래축제가 열리고 꽃구경과 함께 각종 행사가 펼쳐진다.

진달래는 북아메리카와 유럽이 원산지이지만 한국, 중국, 일본 등지에 많이 분포하며, 서양적인 꽃이라기보다는 동양적인 꽃이다. 그래서 동양화에 많이 나오며, 꽃 전설도 한국과 중국을 배경으로 하고 있다.

한국에서는 진달래꽃의 전설로 나무꾼과 선녀의 이야기가 있다.

하늘나라 선녀가 지상으로 내려오다 다리를 다치게 되었다. 나무꾼은 선녀의 다리를 정성껏 치료해준 것이 인연이 되어 선녀와 결혼하여 예쁜 딸을 낳아 '달래'라고 불렀다. 어느덧 달래는 예쁘게 자라 뭇 남성들이 사모하게 되었다. 새로 부임한 사또는 달래의 미모에 빠져 달래를 첩으로 삼고자 했다. 그러나 한사코 거절하는 달래를 화가 난 사또가 죽여버리자, 나무꾼도 딸을 부둥켜안고 울다가 그 자리에서 죽고 말았다. 그런데 달래와 나무꾼의 시체는 사라져버리고, 그 자리에는 핏빛 꽃이 피어났다. 그 후 사람들은 이 꽃을 나무꾼의 성인 '진'자와 딸의 이름인 '달래'를 합쳐 '진달래'라고 불렀다.

중국에서는 두견화라고도 하는데, 옛날 촉나라의 임금인 두우(杜宇)가 억울하게 죽어 그 넋이 두견새가 되었다고 한다. 두견새가 밤새 피를 토하면서 울어 그 피가 두견화 꽃잎에 붉게 물들었다. 그래서 진달래꽃이 피는 봄이 되면, 두견새가 날아와 밤새 구슬피 운다.

꽃에는 전설이 있고, 나라마다 나라꽃이 있다. 그런데 우리는 나라꽃인 무궁화를 두고서도 마음속 깊은 곳에서는 진달래꽃을 피우고 있다. 한이 많은 민족이라서 그런 것일까? 왠지 진달래꽃을 보면, 6 · 25전쟁으로 죽어간 젊은이들의 처절한 절규가 들리는 것만 같다.

6 · 25전쟁 때, 포연이 자욱한 산자락에서 숱하게 죽어간 젊은이들의 혼백이 붉게 핀 진달래꽃의 꽃넋이 되었다는 사연 때문에 눈물 없이는 볼 수 없는 꽃이 되고 말았다. 그래서 진달래꽃은 온 산에 지천으로 피어있는 꽃이면서도 우리 겨레의 슬픔을 간직한 꽃으로 기억되고 있다.

한편 진달래꽃은 "수줍어 수줍어 못 다 타는 연분홍이 / 부끄러 부끄러서 바위 틈에 숨어 피다 / 그나마 남이 볼세라 고대 지고 말더라"라는 이은상의 시조처럼 봄처녀 같이 수줍음이 많은 꽃이며, 어쩌면 이제 막 시집간 새색시 같이 부끄러워 어쩔 줄 몰라 하는 꽃이기도 하다.

또한 진달래꽃은 시집 살던 며느리가 친정에 다녀올 때, 녹의홍상(綠衣紅裳)으로 차려입고 울며 바위고개를 넘던 전통적인 한국 여인과 같은 꽃이다. 그 꽃은 우리 민요에 "성님 성님 사촌 형님 시집살이 어떻든가 / 고초 당초 맵다한들 시집살이 당할소냐 / 열두 폭 다홍치마 눈물 받다 다 썩었네"라고, 시집살이의 속내를 드러내는 그런 꽃이다.

예로부터 진달래꽃은 봄소식을 전해주던 꽃이다. 나물 캐러 갔던 처녀가 긴 머리에 꽂고 오던 꽃이요, 선머슴의 나뭇지게에 한 아름 얹혀 나비와 함께 봄이 온 것을 알려주던 꽃이다. 그래서 진달래꽃은 가난했던 시절에 진달래꽃 더미에 파묻혀 혓바닥이 보랏빛이 되도록 꽃을 따먹으며 배고픔을 달래던 일들이 지금도 잊혀지지 않는 슬픈 그리움으로 남아있는지 모른다.

그러나 나는 진달래꽃을 볼 때마다 잊혀져가는 세월 저편의 기억들이 봄 아지랑이처럼 떠오른다. 가정형편이 어려워 학교에 다니지 못하고, 진달래꽃이 핀 산에 나무를 하러 다니며 학교에 다니기를 간절히 원했던 까까머리 소년은 20년 전에 '진달래꽃'을 노래한 〈김소월 시 연구〉로 문학박사 학위를 받았다.

게다가 그렇게도 다니고 싶던 학교를 평생 동안 다니다가 3년 전에 진달래꽃 빛깔의 홍조 근정훈장을 받고 고등학교 교장으로 정년퇴직을 했다. 그런데 지난 여름에는 진달래꽃 필 때 만난 아내가 황조 근정훈장을 받고 중학교 교장으로 정년퇴직을 했다.

나에게 있어 진달래꽃은 단순히 봄을 알리는 꽃이라기보다는 삶의 희망을 안겨 준 꽃이었다. 이제 머지않아 봄이 오면 첫 손녀를 보게 된다. 그러면 아름답던 동심의 세계가 머물러 있는 희망의 동산으로 데리고 가야겠다. 그리움이 머물고 있는 진달래꽃 속으로…….

제2장

어두운 세월의 기억

세월은 흘러간 시간들이 아니라 역사이다. 역사는 지울 수 없는 과거의 흔적이다. 불의와 외침에 저항한 시대, 숱한 시련과 역경을 극복한 세월들을 잊어서는 안 된다. 왜냐하면 잘못된 역사는 후세에 반복되어서는 안 되기 때문이다.

목화꽃 피는 계절

해가 중천에 떠서 뜨겁게 내리쬐고 있었다. 그 날도 어머니는 목화밭에서 일을 하고 있을 거라고 생각했다. 학교가 파한 뒤 나는 찢어진 검정 고무신을 끌고 산비탈 목화밭으로 달려갔다. 우리 집에 가봤자 아무도 없는 빈 집에 먹을거리라곤 꽁보리밥밖에 없으니, 어머니가 있는 산자락 목화밭으로 갔다.

6 · 25 전쟁 중에 태어난 나는, 못 먹고 자라 얼굴에 마른버짐이 피어있었다. 어머니는 마른버짐이 목화꽃처럼 핀 내 얼굴에 땀을 닦아주면서 빙그레 웃으며 목화 다래를 한 움큼 건네주었다. 보릿고개 때 며칠 굶은 사람처럼 게걸스럽게 다래를 깨물어 그 속에 보늬를 파먹었다. 다래의 달착지근한 맛이 온 몸에 퍼지자 기분이 좋아졌다. 나는 어머니와 함께 팝콘처럼 부풀어진 미영(목화)을 목화꽃 같은 노을이 질 때까지 땄다.

목화는 탐스럽게 하얀 꽃이 피는데, 시간이 지남에 따라 노을처럼 붉은 색으로 변한다. 꽃이 지고나면 몽우리가 생기고 초록색을 띤 달걀 모양의 밤톨만한 다래가 맺힌다. 다래는 맛이 달콤하여 먹을거리가 없던 시절에 우리들은 어른들 몰래 다래 서리를 했다. 다래 서리를 할 때는 맛이 좋은 다래를 고르기 위해 목화송이를 잔뜩 따버려 목화밭을 망치기 일쑤였다. 그래서 어른들은 아이들이 다래를 따 먹으면 목화솜처럼 눈썹이 하얘지거나 눈썹이 빠진 문둥이가 잡아먹는다고 말했다.

나는 다래가 먹고 싶을 때는 어머니가 있는 목화밭으로 달려갔다. 목화밭에 가면 그냥 기분이 좋았다. 어머니의 품처럼 포근한 목화솜이 따뜻하게 느껴져서 그런지도 모른다. 하긴 목화의 꽃말이 '어머니의 사랑'인 것처럼 말이다.

우리 민족은 예로부터 하얀 옷을 즐겨 입어 백의민족이라 일컬었다. 목화는 고려 공민왕 때(1363년) 문익점(1331~1400)이 원나라에 사신으로 갔다 오면서 붓 대롱에 목화씨를 숨겨 가지고 왔다. 그 후 목화를 전국적으로 재배하여 무명옷을 입게 되었다. 그런데 일제강점기 때는 삼백(三百)이라 하여 쌀, 소금과 더불어 목화 공출이 극심했다. 특히 태평양전쟁 때는 군수품 조달을 위해 일본 제국주의자들이 목화 재배를 장려하기도 했다.

내가 어릴 때만 해도 8월이면 산자락이 목화밭으로 가득 찼다. 그러나 분홍빛 목화꽃이 질 무렵이면 백의민족의 한 서린 역사가 생각난다. 1910년 8월 29일은 경술국치로 나라를 잃었고, 1945년 8

월 15일은 광복 투쟁으로 나라를 되찾았다. 하지만 우리 가족은 목화꽃이 피는 8월이 되면, 일제 식민지시대의 참담한 기억을 이야기하곤 한다. 언젠가 시집간 누님이 아버님 제사 때 목화밭의 일화를 이야기해주었다.

일본 제국주의자들은 태평양전쟁으로 식민지 백성들에게 군량미 공출을 강요하며, 집집마다 감춰둔 곡식을 찾아내느라 혈안이 되어 있었다. 우리 민족은 일제의 탄압으로 식량을 빼앗기고 쑥이나 송피를 넣어 멀건 죽을 끓여 먹거나 초근목피로 생계를 연명했다.

우리 집은 일제의 침략으로 논밭을 빼앗겼다. 식구들이 많아 먹고 살기도 어려운 형편인데 논밭마저 없으니 살길이 막막했다. 더구나 부모님은 여섯 아이를 낳아 제대로 먹이지 못하여 병이 들어 네 아이를 하늘나라에 보내고 말았다. 자식이 죽으면 부모의 가슴에 묻는다는데 그 슬픔은 오죽했겠는가? 그래서 아버지는 자식들이 굶지 않도록 온갖 궂은 일을 다했다.

아버지는 산비탈 목화밭에 땅굴을 파고 곡식을 숨겨두었다. 그리고는 땔감을 마련하기 위해 말려둔 미영대(목화 줄기) 속에 몰래 곡식을 숨겨오곤 했다. 그 날도 아버지는 새벽녘에 목화밭으로 갔다. 그러나 아침 해가 떠올라도 아버지는 돌아오지 않아 어쩔 수 없이 가족들이 아침을 굶었다. 누님은 허기진 배를 물로 채우고 학교에 갔다.

그 날은 밤새 함박눈이 내려 산자락이 눈으로 하얗게 뒤덮였다. 아버지는 발자국을 남기지 않기 위해 동학혁명 때 할아버지가 했던 것처럼 눈 덮인 산자락을 돌아 살얼음이 언 냇물을 맨발로 건너 산비탈 땅굴에서 곡식을 가져오느라 늦었던 것이다. 우리 가족은 아버지의 헌신적인 노력으로 일제의 잔혹한 수탈을 견뎌내고 마침내 해방을 맞이했다.

지금은 8월이 되어도 목화밭이 없어 목화꽃을 볼 수가 없다. 목화꽃이 없으니 달콤한 다래도 먹을 수 없고, 부드러운 목화솜도 만질 수 없어 아쉽다. 하지만 목화꽃이 없어도 일제강점기 때처럼 고통스러운 일들이 없으니 행복한 세상이다. 더욱이 해방이 된 이후에 형님과 내가 태어나고 여동생도 있어 우리 5남매는 지금까지 건강하고 행복하게 살아가고 있다.

하얀 무명옷을 즐겨 입던 아버지, 어머니도 세상을 떠난 지 오래 되었다. 우리 형제들도 어느덧 초로의 나이가 되어 목화꽃 피던 계절을 잊어가고 있다. 그렇지만 일제가 남긴 우리 가족의 상흔은 구전되어 손자들에게까지 전해질 것이다. 역사는 지울 수 없는 과거의 흔적이므로 일제가 저지른 만행을 영원히 잊어서는 안 된다. 왜냐하면 잘못된 역사는 후세에 반복되어서는 안 되기 때문이다.

목화꽃 피는 계절이 오면 목화꽃을 보러 가야겠다. 그리고 어린 시절 맛있게 먹던 다래를 아이들과 함께 따 먹고 싶다. 다만 식민지 백성들이 피땀 흘려 따던 목화송이가 아닌 선진국의 아름다운 꽃으로 피어난 목화꽃을 보고 싶다. 그 꽃이 백의민족을 지켜온 자랑스러운 역사였다는 것을 아이들에게 가르쳐주어야겠다.

잃어버린 쌍사자 석등의 전설

고향에 있었던 쌍사자 석등을 보려고 국립광주박물관을 찾아갔다. 석등은 박물관 중앙홀에 아무 말 없이 서 있었다. 대웅전 앞뜰에서 불을 밝히고 불심으로 국난을 극복했던 옛 모습은 찾아볼 수 없고, 찬란한 불빛 속에 아름다운 자태를 뽐내고 있었다.

국보 제 103호인 중흥산성 쌍사자 석등은 9세기 통일신라시대 때 만들어진 것으로 보물 제 112호인 삼층 석탑과 함께 전남 광양시 옥룡면 중흥산성 안의 옛 절터에 있었다. 화강석으로 만든 높이 2.5m의 쌍사자 석등은 두 마리의 사자가 가슴을 맞댄 채 발돋움하고 서서 등을 받치고 있는 모양은 보는 사람이면 누구나 감탄할 만한 아름다운 석조물이다.

그런데 일제강점기 때 옥룡보통학교 후원회에서 학교 기금을 마련하기 위해 석등을 땅 주인과 상의도 없이 부산의 골동품상에게 팔기로 했다. 석등이 국보급 문화재라는 가치를 몰랐던 옥룡보통학교 후원회에서는 석등이 예상가보다 훨씬 높은 데다, 광양군청과 상의하던 중 이 일이 위법이라는 사실을 알고 매각하지 않기로 했다.

그러나 석등이 뛰어난 예술품이라는 것을 알게 된 대구의 일본인 골동품 수집가는 부산의 골동품상과 모의하여 석등을 분해하여 옥룡면사무소 앞으로 옮기다 주민에게 발각되어 석등 반출은 미수에 그치고 말았다. 천년 동안 중흥산성에서 불심으로 백성의 안녕을 지켜왔던 석등이 일본인에 의해 끌려나오게 된 것이다.

그 당시 중흥산성 아랫마을에 살았던 돌아가신 아버지는 석등이 팔려나가기 전날 밤에 석등이 울었다는 소문을 들었다고 한다. 국운의 흥망성쇠에 따라 석등의 불빛이 밝게 빛나거나 석등이 우는 영험이 있다고 전해져왔다. 일제침략자들에게 나라를 빼앗긴 해에도, 임진왜란과 병자호란이 일어나던 해에도 석등이 울었다고 한다.

외침과 민란이 많았던 내우외환의 역사 속에서 고단한 삶을 살았던 민초들은 그들의 안녕을 기원하며 석등에 불을 밝혔으리라. 더욱이 가파른 산에 산성을 쌓고 전란이 일어날 때마다 산성으로 피난 온 백성들은 석등에 불을 밝히고 무사하기만을 간절히 빌었을 것이다.

그런데 호국수호의 석등을 일본인들이 몰래 가져갔다는 소문이 떠돌자 민심은 들끓기 시작했다. 일제식민지 치하에서 갖은 수탈과 핍박을 받고 살던 백성들은 왜놈들이 문화재까지 훔쳐가는 횡포에 더 이상 참을 수가 없었다. 그래서 분개한 젊은이들이 봉기했지만 불꽃처럼 꺼지고 말았다. 동학혁명 때 탐관오리들의 횡포에 항거하다 피 흘린 할아비처럼 그들도 쓰러지고 말았다.

지역민들의 저항이 심해지자 석등은 옥룡면사무소에 보관하게 되었다. 1918년 조선총독부에서 전라남도 도지사 공관으로 옮겼다가, 이듬해 경복궁 자경전으로 옮겼다. 1945년 광복이 되자 현재 청와대인 경무대로 옮겨졌다가, 1961년 5 · 16 군사쿠데타가 일어난 뒤 국립박물관이 있는 덕수궁으로 옮겼다. 국립중앙박물관이 1972년 경복궁으로 이사를 가면서 옮겼다가, 다시 1986년 옛 중앙청 건물로 이사를 갈 때 석등도 옮겨졌다. 그러다 1978년 국립광주박물관이 신축 개관된 후에 국보급 문화재가 없는 이곳으로 1990년에 옮겨져 현재 1층 중앙홀에 전시되어 있다.

중흥산성 쌍사자 석등은 1962년 12월 20일에 국보 제 103호로 지정되었다. 하지만 이 석등은 옥룡보통학교 후원회의 문화재에 대한 무지로 인해 일본인에 의해 몰래 반출되었다가 그동안 기구한 사연으로 일곱 번이나 옮겨 다니다 60년 만에 고향 가까운 광주박물관으로 돌아오게 되었다.

쌍사자 석등의 전설이 마치 일제침략으로 핍박받은 우리 조상들의 수난의 역사 같아서 애처롭다. 더욱이 석등이 신앙의 대상물이 아닌 문화재로 박물관에 전시되고 있는 모습이 안타깝다. 그렇지만 국태민안을 바라는 고향민들은 석등이 밝게 빛나는 그 날이 오기를 기다리고 있을 뿐이다.

화투를 바꾸자

광복이 된 지 70여 년이 지났지만 아직도 일본풍의 화투가 만연하고 있다. 광복 이후 친일파를 색출하고 일제 잔재를 없애자고 하면서도 오히려 일본문화의 축소판인 화투가 한국에서 인기를 누리고 있다. 식민 지배의 아픈 기억을 지우고 왜색 문화와 일본어를 몰아내는데 열심이었지만 정작 일제가 뿌려놓은 화투 노름은 일본보다 우리 국민들이 더 즐기고 있으니 문제가 아닐 수 없다.

한국인의 놀음놀이로는 윷놀이, 투전, 마작, 트럼프, 화투 등 다양한 종류가 있으며 시대에 따라 변천해왔다. 그 중에서도 화투는 일제강점기부터 지금까지 성행하고 있는 노름으로 민화투, 삼봉, 육백, 섯다, 도리짓고 땡, 나이롱 뽕 등이 있으나 고스톱(go-stop, 고도리)이 가장 인기가 많다. 고스톱은 각종 모임이나 명절에 세 사람만 모이면 할 수 있는 노름으로 최근에는 온라인 게임도 생겼다.

일본에 화투가 들어온 것은 16세기경 포르투갈 선교사가 가져온 카드게임인 '가루타'였다. 그러나 막부시대에 카드놀이를 금지하자 화투의 원조인 '하나후다(花札)'를 만들었다. 우리나라에는 19세기말 대마도 상인들에 의해 부산에 처음으로 화투가 유입되었다.

그런데 48장의 화투 속에는 일제가 조선의 민족문화를 말살하고 저항의식을 와해시키려는 숨은 음모가 있다. 화투에 그려진 그림은 일본을 상징하는 민속화로 일본 고유의 세시풍속, 기원의식, 월별 축제 등 일본혼이 그대로 담긴 축소판이다. 그래서 일제는 화투를 널리 퍼뜨려 노름판에 빠진 조선 사람들이 민족혼을 상실하여 일제에 투쟁하지 못하도록 했던 것이다. 이러한 화투를 우리 민족이 100여 년 동안이나 즐기고 있으니 부끄러운 일이 아닐 없다.

화투에는 일본의 상징인 사쿠라와 후지산, 10세기 일본 서예의 창시자인 오노노도후(894~967)가 그려져 있다. 화투의 그림은 월별로 꽃나무와 짝을 이루는 동물과 인간이 그려져 있는데, 우리가 잘못 알고 있는 것으로 4월은 흑싸리가 아니라 등나무이며, 5월은 난초가 아니라 창포이다. 또한 일본의 명절인 1월 설날, 3월 사쿠라 축제, 8월 오봉과 달구경, 11월 어린이 명절, 12월 세모에는 광(光)이 들어있다. 8월과 11월을 제외한 모든 달에 띠가 있는데, 일본 전통시인 하이쿠(俳句)를 적는데 사용하는 단자꾸(丹冊)라는 종이로 일본의 풍류를 상징한다.

일본 제국주의자들은 한반도를 식민지화하기 위해 패가망신하는 화투를 보급하고, 그들의 문화를 은연 중에 주입시키려는 의도

가 100여 년에 걸쳐 실현된 셈이다. 우리는 이러한 사실을 방관한 채 아직도 화투 노름을 즐기고 있으니 안타까울 뿐이다. 나는 화투를 치지 않지만 우리 모두가 화투 노름을 하지 않도록 해야 한다.

그동안 화투를 한투, 개벽 화투, 홍실청실 우리화투, 독도사랑 화투 등 우리 문화와 어울리는 화투를 만들었으나 호응을 얻지 못하고 있다. 이는 국민적 공감대가 형성되지 못했기 때문이다. 따라서 정부나 사회단체에서는 일본풍의 화투를 사용하지 않도록 범국민적 운동을 펼쳐야 한다. 만약 화투를 없앨 수 없다면 한민족의 문화와 정서에 맞는 그림으로 바꾸어야 한다. 그리하여 일제의 잔재를 청산하고 민족문화를 정립하여 올바른 놀이 문화를 정착시킬 수 있도록 해야 할 것이다.

허수아비옷

가을걷이가 끝난 텅 빈 들판에 허수아비만 우두커니 서 있었다. 해진 내 옷을 입고 서 있는 허수아비는 나의 허상인 양 하늬바람 부는 들판에서 몹시 흔들리고 있었다.

6 · 25전쟁 중에 태어난 나는, 초등학교 시절엔 모두가 헐벗고 굶주리며 가난하게 살았다. 점심시간이면 구호물자로 배급받은 강냉이죽을 먹었고, 구호품으로 보내준 헌 옷을 입고 자랐다. 보릿고개 때는 풋보리로 죽을 쑤어 끼니를 연명하는 사람들도 많았다. 가끔 보리밭에는 풋보리를 구워 먹은 흔적이 시커멓게 남아있었다.

전쟁이 끝난 후라 먹고 살기가 힘들었다. 어린 나이에 지게를 지고 산에서 나무를 하고 농사일을 거들었다. 그리고 가을이면 새보기를 했다. 벼 이삭이 맺힐 무렵이면 참새떼가 날아와 여물이 덜든 나락을 쪼아 먹으면 쭉정이가 생겨 그 해 농사를 망치기 때문에 논두렁을 뛰어다니며 참새를 쫓았다.

새보기에 싫증이 나면 벼논을 헤집고 들어가 밀짚모자를 쓴 허수아비와 옷을 바꿔 입고 장난을 치기도 했다. 허수아비가 입고 있던 무명 등지게는 그 해 여름에 내가 입었던 옷이다. 형님이 입던 헌 옷을 내가 물려받아 입다가 낡아서 허수아비에게 입혔다. 그래서 우리 논에 허수아비는 우리들이 성장함에 따라 옷도 바뀌어갔다.

허수아비는 시대에 따라 유행하던 옷을 입었다. 어린 시절에는 무명옷이나 나일론옷을 입은 허수아비가 많았다. 그러나 군사정권하에서는 새들도 군인이 무서운지 군복과 예비군복, 교련복을 입은 허수아비도 있었다. 그리고 나무나 짚으로 만든 허수아비에 한복을 입고 탈을 쓴 허수아비도 있었다. 이처럼 허수아비는 우리들의 자화상 같은 모습으로 가난했던 시절에 우리들과 더불어 웃음으로 눈물을 닦으며 살았다.

그런데 농촌에 기계문명이 들어오면서 허수아비도 시나브로 자취를 감추고 말았다. 허수아비가 사라지자 산업화 물결에 따라 젊은이들은 농촌을 떠나 도시로 가버렸다. 한때는 새마을운동으로 잘 살아보려고 했지만 젊은이들이 떠난 농촌에는 허수아비 같은 노인들과 다문화 아이들이 우리의 고향을 지키고 있다.

더구나 농촌은 세월이 흐를수록 더욱 더 피폐화되어 갔다. 세계 여러 나라와 FTA 자유무역협정을 맺으면서 농촌에서 생산되는 농산물은 값싼 외국 수입농산물에 밀려 더 이상 농사를 지을 수 없게 되었다. 그런데 잡초가 우거진 논밭을 바라보는 주름살 웅어리진 부모들은 허수아비가 사라지듯 농촌을 떠나간 자식들이 다시 돌아오기를 눈 시리도록 기다리고 있다.

한국의 농촌은 우리 민족의 정서가 깃들어 있는 고향의 원형질이다. 또한 농촌은 우리들이 먹고 살아갈 식량을 생산하는 보물창고이며, 자연 생태계가 살아 숨 쉬는 삶의 터전이다. 이렇게 소중한 농촌이 폐허화되어 간다는 것은 안타까운 일이 아닐 수 없다.

아직도 고향의 논밭에는 어린 시절 아름다운 추억으로 남아있는 허수아비가 서 있을 것만 같다. 그러나 이제 허수아비는 허수아비를 모르는 아이들을 위해 요즘 유행하는 옷을 입고 농업박물관 모퉁이에 우두커니 서 있을 것이다. 그렇지만 허수아비를 신기하게 바라보는 아이들은 비록 가난했지만 인정 많은 이웃들과 서로 도와가며 농사를 짓던 정겨웠던 그때를 알 리 없을 것이다.

똥돈 줍기

그 날은 허탕이었다. 술이 취한 박호 아버지가 변소에 가지 않았기 때문이다.

"호박아! 니 아부지 똥 좀 누라 해라."

"이 멍충아! 어찌 쌩똥을 싸라고 하냐?"

우리들은 부질없는 일을 기대한 것이 계면쩍어 그냥 들녘으로 달렸다. 보리가 누릇누릇 익어가고 있었다. 풋보리를 한 움큼 쥐어 뜯어 손으로 비벼 먹다 맛이 없으면 보리깜부기를 향해 던졌다. 거무튀튀한 깜부기 가루가 보리밭 위로 흩날렸다.

보릿고개라서 다들 점심을 먹지 못해 뱃속에서 쪼르륵 쪼르륵 배고픈 소리가 창자를 타고 들려왔다. 그러나 누구 하나 배고프다고 말하지 않았다. 늘상 그랬기 때문이다. 우리집은 그럭저럭 끼니를 때우고 살았지만 세 끼를 제대로 먹지 못한 동무들이 많았다. 6

· 25전쟁 뒤끝이라 다들 가난했다.

두레박이 펌프로 바뀐 동네우물은 마중물이 모자라 펌프질을 해댔지만 헉헉거리는 소리만 날 뿐, 물이 찔찔 나왔다. 우리들은 허기진 배를 겨우 물로 채웠다. 물이 가득 찬 뱃속에서는 달릴 때마다 출렁출렁 물결소리가 들렸다. 그 날도 덩치가 큰 박호는 물을 너무 많이 마셔 꾸역꾸역 토해냈다.

별명이 호박이라는 동무가 있었다. 그의 이름이 박호였는데, 우리들은 거꾸로 호박이라고 불렀다. 그는 이름을 부를 때마다 호박 같은 붉은 얼굴로 욕을 한 바가지나 해댔다. 게다가 질질 흐르는 콧물을 소맷자락으로 하도 많이 닦아 그의 양 소매끝은 콧물이 반질반질했다.

박호 아버지가 술이 취해 돈으로 똥구멍을 닦았다는 소문이 났다. 그 당시에는 화장지가 없어 종이나 지푸라기 등으로 뒤처리를 했다. 그런데 박호 아버지가 아무리 술이 취했다고 해도 그 귀한 돈을 종이로 착각했는지, 아니면 더러운 돈을 똥같이 취급했는지 알 수 없는 일이지만, 종이돈으로 똥을 닦았다는 것은 신기한 일이 아닐 수 없었다.

그 역시 돈 많은 부자는 아닐 터. 그렇기 때문에 그가 돈으로 똥을 닦는 것을 발견하기란 보물찾기만큼이나 어려운 일이었다. 그래서 우리 꼬맹이들은 똥돈을 줍기 위해 갖은 노력을 다했다.

6 · 25전쟁 때 한 팔을 잃은 박호 아버지가 술이 취해 신세타령을 하는 날이면, 우리들은 변소 주변에 서성거리고 있다가 똥을 누

고 나오자마자 구린내가 코를 찌르는 똥통에서 재빨리 똥돈을 건져 올려야 했다. 나는 아직 그 똥돈을 보지 못했지만 재밌고 호기심이 가는 일이라 똥돈을 줍기 위해 동무들과 어울려 다녔다.

"뭐라고? 50원 짜리를 건져 올렸다고?"

"근디, 거시기는 똥통에 빠져 하마터면 데질 뻔했대. 박호 엄니가 없었다면 큰일 날 뻔했당께."

"박호 엄니는 우리 보고 뭣 하러 통시에 갔느냐고 묻길래, 숨바꼭질했다고 거짓말했제!"

오십 원은 큰돈이었다. 설날 세배를 가도 오십 원을 받아본 동무들은 없었다. 그 돈이면 과자나 장난감을 사고 싶은 대로 살 수 있었다. 우리들은 50원을 횡재한 동무를 부러워했다.

그 날 저녁은 유난히 날씨가 어두웠다.

심부름을 갔다 오는 길에 우연히 박호 아버지가 뒷간으로 가는 것을 보았다. 번뜻 똥돈 생각이 났다. 그래서 슬그머니 뒤따라갔다. 박호 아버지는 변소에 들어가자마자 용무를 마치고 나왔다. 나는 한 번도 가본 적이 없는 박호네집 통시를 더듬거리며 똥통을 찾았다. 똥통은 잿더미가 쌓인 두엄 옆에 널빤지 두 개만 얹혀 있었다. 밤눈이 어두운 나는 지뢰밭을 가듯 조심조심 다가갔다.

갑자기 동네 똥개 짖는 소리에 놀라 발을 헛디뎌 똥통에 미끄러지고 말았다. 다행이 몸 전체가 빠지진 않았지만 이만 저만 창피한 일이 아닐 수 없었다. 더럽고 구린내 나는 것도 문제이지만 동무들이 알면 큰일이었다. 하는 수 없이 컴컴해질 때까지 변소 모퉁이에 숨어있다가 집에 오는 길에 도랑물에 몸을 씻었다.

더럽고 구린내 나는 똥돈에 눈이 어두워 쓸데없는 욕심을 부린 것이 후회스러웠다.

박호가 동무들과 다투고 있었다.

"울 아부지 돈을 주웠으면 돌려줘야 되는 겨 아녀?"

"아니면 나도 좀 주든가. 근디 니들이 다 나눠가지고, 뭘 사 먹었다고?"

"똥통에 빠진 거시기 니는, 울 아부지한테 일러분다."

거시기가 억울하다는 듯이 대든다.

"그게 아녀. 그 그 그 돈은…."

"거시기, 니 말 하면 죽인다."

옆에 있던 머시기가 윽박지르니 거시기는 아무 말도 못 하고 물러섰다.

그런데 나중에 알고 보니, 나만 똥통에 빠진 게 아니라 여러 동무들도 똥통에 빠졌다는 걸 알았다. 더구나 그 돈은 똥통에서 건져 올린 게 아니라, 술이 취한 박호 아버지 호주머니에서 머시기가 슬쩍 한 것을 똥통에서 주웠다고 거짓말을 했다는 것이다.

나는 어른이 되어서도 어쩌다 돈을 줍는 꿈을 꾼다. 그런 날이면 복권을 샀다. 그러나 허탕이었다. 지금까지 내가 살아오는 동안 똥돈을 줍듯이 횡재를 해본 적이 없다. 그러면서도 언젠가 행운의 여신이 나에게 손짓을 하는 날이 있을 거라고 기대하곤 한다. 그런데 그런 기회는 결코 오지 않았다. 헛꿈을 꾸고 있는 것이다.

세상을 살면서, '뿌린대로 거둔다(自業自得, 事必歸正, 因果應報, 種豆得豆)'는 진리를 가끔 잊고 살 때가 있다.

이름 모를 꽃

하얀 꽃 한 송이가 휴전선 비무장지대에 피어있었다. 그 꽃은 반쯤 뒤집힌 채 흙 속에 묻혀 있는 철모 속에 피어있었다. 어디서 본 듯한 꽃인데 꽃 이름을 몰라 자세히 쳐다보니, 철모 밑에 유골이 묻혀 있었다. 예전에 내가 군복무를 했던 부대는 6 · 25전쟁 때 피비린내 나는 전투가 벌어졌던 백마고지와 가까이 있었다.

백마고지 전투는 1952년 10월 6일부터 열흘 동안 해발 395m 고지를 뺏기 위해 한국군 2만여 병력과 중공군 4만 4천여 명이 치열하게 전투를 벌였던 곳이다. 스물네 번이나 뺐고 빼앗기는 전투 속에 한국군 3천 500명과 중공군 1만 명의 사상자를 낸 세계 역사상 유례가 없는 전투였다. 백마고지는 산등성이에 무수히 터진 포탄으로 흙이 하얗게 변해 마치 백마와 같다고 하여 붙여진 이름이다.

백마고지 아래 마을에는 북쪽에 고향을 둔 실향민들이 살고 있었다. 민통선에서 농사를 짓던 할아버지는 일이 끝나면 초소 앞에 와서 휴전선 너머 멀리 보이는 북한마을을 바라보며 하염없이 눈물만 흘리고 있었다. 저곳이 예전에 자기가 살던 고향마을이라고 했다. 할아버지는 6 · 25전쟁이 발발하자 인민군에게 끌려간 동생을 찾기 위해 학도병으로 지원하여 백마고지 전투에 참전했다가 부상을 당했다고 한다.

그는 전쟁이 끝난 후에도 헤어진 부모형제를 찾기 위해 고향 가까운 이곳에서 살고 있었다. 남과 북에는 6 · 25전쟁으로 부모형제와 헤어진 이산가족들이 많이 있다. 그들은 남북한 이산가족찾기로 생사를 확인한 사람도 있지만 아직까지 생사를 확인하지 못한 이산가족들도 많이 있다. 살아있는 이산가족은 언젠가 다시 만날 수 있겠지만 생사의 흔적마저도 알 수 없는 무명용사는 어디서 찾을 수 있단 말인가?

이 세상에 이름 모를 꽃이 어디 있으며, 이름 모를 사람이 어디 있겠는가? 녹슨 철모 속에 핀 이름 모를 꽃은 식물도감에서 그 이름을 찾을 수 있겠지만 철모의 주인은 그 이름을 어떻게 찾을 수 있단 말인가. 꽃다운 나이에 조국을 위해 산화한 무명용사의 한 맺힌 혼백이 아직도 구천을 헤매고 있는 듯하다.

6 · 25전쟁은 수많은 사람들에게 고통과 슬픔을 안겨주었다. 6 · 25전쟁 중에 태어난 나는 전쟁의 쓰라린 아픔 속에서 어린 시절을 보냈다. 동네 사람들이 빨갱이들에게 학살당하고, 고향마을은 폭격으로 폐허가 되었다. 게다가 전쟁이 끝난 뒤에는 수많은 전사

자와 상이군인들, 그리고 이산가족들이 우리를 슬프게 하였다.

그래서 지금도 북한의 도발이 있는 날이면 전쟁이 일어나지 않을까 하는 노파심에 초조해지기도 한다. 게다가 공수특전사 장교로 삶과 죽음을 초월한 특수훈련을 받던 경험과 휴전선 비무장지대에서 북한군과 대치하며 군대생활을 했던 젊은 날의 기억이 새삼스럽게 떠오른다.

휴전선 GOP부대에서 야간근무를 할 때였다. 북한군 초급장교가 삼엄한 경계와 미확인 지뢰밭을 뚫고 새벽에 아군 초소로 귀순해왔다. 그는 불안하고 초조한 표정으로 "통일이 돼야 디요!", "통일이 돼야 디요!"를 외치면서 그가 넘어온 북한땅을 되돌아보며 울고 있었다.

통일을 외치던 귀순 장교나 6 · 25전쟁으로 헤어진 이산가족들이 염원하는 것은 남북통일이 되어 헤어진 부모형제를 다시 만나 오순도순 행복하게 사는 일일 것이다. 그런데 남북한 이산가족 이야기가 나올 때면, 녹슨 철모 속에 핀 이름 모를 꽃이 생각나는 까닭은 무엇 때문일까?

그 꽃 아래 묻힌 이름 모를 전사자는 남과 북에 사는 우리들의 잊어진 혈육이리라. 지금도 그의 부모님은 전쟁터에 나간 자식이 무사히 돌아오라고 정화수 떠놓고 빌고 있는지도 모른다. 그러나 조국을 위해 꽃다운 청춘을 바친 그는 휴전선 비무장지대 풀숲에 한 송이 하얀 꽃으로 환생한 것인지 알 수 없는 일이다.

그런데 그동안 단절되었던 남북한 이산가족 상봉이 지난 가을

금강산에서 재개되었다. 1985년 이후 스무 번이나 남북한 이산가족의 만남이 있었지만 아직도 수백만 명이 넘는 이산가족들은 생사도 확인하지 못한 채 마냥 기다리고만 있다. 하지만 남과 북의 이데올로기는 혈육의 정마저 끊어놓고, 세월은 꽃다운 청춘을 백발노인으로 만들었으니, 이 한 맺힌 이산가족의 눈물을 누가 알겠는가?

더구나 휴전선 비무장지대, 녹슨 철모 아래 묻힌 이름 모를 무명용사의 부모형제들은 어디서 그를 다시 만날 수 있단 말인가? 무심한 세월은 말없이 흘러가고만 있다.

백운산에 피는 매화꽃

매화꽃이 필 무렵이면, 백운산 자락의 섬진마을에는 '광양 매화축제'가 열린다. 매화축제가 열리는 섬진강가 매화마을에는 하얀 매화꽃이 눈부시게 피고 꽃향기가 흩날리면 한 폭의 한국화 같이 아름다운 별천지가 된다. 그래서 3월이면 무릉매원을 보기 위해 전국에서 찾아온 상춘객들로 한적한 시골마을이 북적거린다. 그런데 올해는 조류 독감과 구제역 때문에 매화축제가 열리지 않는다고 한다.

축제가 열리지 않는 올봄은 여느 해와는 달리 대한민국이 혼란스럽다. 박근혜 대통령이 연루된 최순실의 국정농단으로 대통령이 탄핵되고, 특별검사 수사로 관련자들이 구속되어 재판을 받고 있다. 게다가 온 나라가 진보와 보수로 나뉘어 촛불 시위와 태극기 시위로 국론이 분열되고 서로 대립 양상으로 치닫고 있다.

그런데다 지난해 11월에 발병한 조류독감으로 3천만 마리가 넘는 닭, 오리, 메추리가 살처분됐으며, 올해 초에 발생한 구제역으로 수천 마리의 소와 돼지 등이 매몰 처리되고 있다. 전염병에 걸리지 않은 짐승들까지도 감염지역과 가까운 거리에 있다고 해서 생매장을 하고 있는 것이다.

이는 마치 백운산에서 활동하던 빨치산들이 산골마을의 양민들을 무자비하게 학살하던 것처럼 말이다. 빨치산은 여순반란사건 때 좌익사상에 물든 빨갱이들과 6 · 25전쟁이 끝난 후 패잔병들이 백운산과 지리산에 숨어들어 남부군 부대를 편성했다. 이들은 마을 사람들에게 부역을 강요하고 식량을 약탈하다 순응하지 않으면 마구잡이로 죽였다. 그 중에는 무고한 젊은이들이 빨치산에게 끌려가 비참한 죽임을 당하거나 빨치산이 되기도 했다.

빨치산을 소탕하기 위해 국군과 경찰이 대대적인 토벌작전을 벌여 대부분이 궤멸되었으나 일부 잔당들은 백운산에 남아 게릴라전을 벌이며 관청을 공격하고 민가를 불태웠다. 그들은 총에 맞아 죽거나, 굶어 죽거나, 얼어 죽을 각오를 하며, 공산주의 이념에 따라 목숨을 바쳤지만 오히려 김일성 공산독재는 3대 세습을 하며 북한 주민들을 공포정치로 핍박하고 있다.

봄이 오면 눈 녹은 산골짜기에는 매화꽃이 피고, 진달래꽃도 핀다. 어린 시절 우리들은 꽃이 피면 꽃구경을 가는 것이 아니라 먹을 것이 없어 참꽃을 따 먹기 위해 산으로 갔다. 산골마을 사람들은 잔설이 남아있는 산골짜기에서 얼어 죽은 빨치산의 시체가 계곡물에 떠내려 왔던 일을 이야기하면서 치를 떨었다.

지금은 백운산 자락에 화전민들이 떠나가고 없지만 그들이 살다간 빈 집터에는 빨치산들의 만행을 지켜 본 매화나무가 남아있다. 그 나무는 같은 민족끼리 좌익과 우익으로 나뉘어 총부리를 겨누던 피비린내 나는 역사를 기억하고 있을 것이다. 해마다 이른 봄 양지뜸에 따스한 햇살이 내리쬐면 슬픈 사연을 간직한 매화나무에는 핏빛 꽃이 그들의 넋처럼 피어난다.

그래서 백운산의 봄꽃은 슬픈 전설을 가지고 있다. 매화꽃이 피면 휘파람새가 울고, 진달래꽃이 피면 두견새가 운다. 휘파람새가 휘파람소리를 내는 까닭은 한반도가 위기 상황에 처해 있다는 경고의 소리일 것이다. 남한은 박근혜 대통령의 탄핵과 대통령선거로 나라가 분열되고, 북한은 핵 개발과 김정남의 암살로 독재정치의 종말을 예고하는 것만 같다.

봄을 기다리는 사람들은 매화를 찾아 탐매를 나선다. 나도 봄이 되면 매화꽃 향기를 찾아 꽃구경을 간다. 그러나 촛불 시위와 태극기 시위로 나뉜 올해의 매화꽃은 예년처럼 아름답게 느껴지지가 않는다. 더구나 같은 백운산 자락에서 피는 매화꽃인데도 섬진마을에서 피는 하얀 매화꽃과 산골마을에서 피는 붉은 매화꽃이 서로 다르게 느껴지는 까닭은 무엇 때문일까?

5월의 꽃넋

5월이 오면 붉은 황톳빛 산야에 찔레꽃이 핀다. 하얀 꽃잎에 진한 향기를 내뿜는 찔레꽃은 우리나라가 원산지인 꽃으로 한 맺힌 사연의 꽃 전설을 가지고 있다.

'찔레'는 고려시대에 몽고족에게 공녀로 끌려간 고려 소녀의 이름이다. 그녀는 낯선 이국땅에서 종살이를 하는 동안 고향에 계신 부모형제가 보고 싶었다. 어느 날 오랑캐 나라를 탈출하여 부모형제를 찾아 고국산천을 헤매고 다니다 지쳐 쓰러져 죽었다. 이렇게 죽은 찔레의 넋이 꽃이 되었다고 한다. 찔레의 한 서린 마음은 하얀 꽃잎으로 피어났고, 핏빛 눈물은 빨간 열매가 되었으며, 애달픈 목소리는 메아리가 되어 향기로 남았다.

5월 그날이 오면, 산자락 가시덤불 속에서도 찔레꽃은 피어나고, 한 맺힌 이의 가슴속에서도 찔레의 꽃넋은 되살아난다. 끈질긴 생명력으로 척박한 땅에서 꽃을 피우는 찔레는 불의에 항거한 5월 영령들의 모습을 생각나게 한다. 그 꽃은 소복 입은 여인처럼 서럽고, 꽃향기는 민주화의 함성처럼 온 산하에 흩날린다.

1980년 5월, 군사쿠데타에 항거한 수많은 광주 시민들은 민주화를 외치다 폭도로 몰려 죽임을 당했다. 비상계엄령이 선포되고 공수부대가 투입되어 시위 군중들을 무력으로 진압하면서 시민들과 계엄군 사이에 유혈 충돌이 발생했다. 그 소용돌이로 꽃다운 청춘들이 꽃잎처럼 쓰러져 꽃상여에 실려 망월동 묘지로 갔다.

그 후에도 군사독재정권에 저항한 대학생들과 광주 시민들은 시내 곳곳에서 민주화를 외치는 시위가 계속되었다. 도청 앞 광장을 비롯한 시내 곳곳에는 최루탄 연기와 화염병 불꽃으로 자욱했다. 자유와 정의를 부르짖던 피 끓는 젊은이들이 분신자살을 하고, 산 자들은 행방불명이 된 부모형제를 찾아 헤매고 다니며 '5월의 노래'를 불렀다.

꽃잎처럼 금남로에 뿌려진 붉은 너의 피
두부처럼 잘리어진 어여쁜 너의 젖가슴
5월 그날이 다시 오면 우리의 가슴에 붉은 피 솟네.

어느덧 20년의 세월이 흘렀다. 세월은 과거를 잊게 한다. 5월 그 날의 쓰라린 아픔도 이제는 역사 속에 남아있을 뿐이다. 더욱이 역사의 현장을 체험하지 못한 사람들은 5월의 이야기를 잊어가고 있다.

그러나 찔레의 꽃말이 '양심의 가책'이듯, 찔레꽃이 피는 계절이면 나는 양심의 가책을 느낀다. 5 · 18 광주민주화의거 20주년이 되는 해에 나는 부끄러운 과거를 고백하고 싶었다. 그러나 5월이 다 가도록 차마 글을 쓰지 못했다. 그런데 5 · 18 희생자의 한 사람인 김대중 대통령이 지난 6월 13일 평양에 가서 김정일 위원장을 만나는 역사적인 사건이 있었다. 이제는 남북한이 통일을 염원하며 6 · 25전쟁을 일으킨 김일성의 아들 김정일도 만나는데, 지금에 와서 과거의 은원(恩怨)이 무슨 의미가 있겠는가라는 생각에 용기를 얻었다.

1980년 5월 18일, 나는 휴전선 전방부대에서 근무하던 중 휴가를 받아 처가가 있는 광주에 왔다가 역사적인 현장을 목격하게 되었다. 광주뿐만 아니라 목포, 순천에서도 시위 현장을 구경했다. 그 후 비상사태가 발생하자 원대복귀 명령으로 전방부대로 돌아왔다.

전방부대에 근무하기 2년 전에는 계엄군으로 파견된 공수특전사 장교로 근무했었다. 생사고락을 함께 한 전우들이 군사쿠데타에 휘말리어 무고한 광주 시민들과 피를 흘리는 전투를 했다. 그리하여 수많은 시민들과 군인들이 희생당했다. 만약 내가 아직도 그 부대에 근무하고 있었더라면 고향 사람들과 총부리를 겨누며 싸웠을 것이 아닌가?

그 무렵 전방부대에서 정훈장교로 근무하던 나는, 군사정권의 지시에 따라 5 · 18을 불순분자들의 폭동이라고 병사들에게 교육

시켰다. 그 이듬해 제대를 하여 교직에 근무하면서도 5 · 18에 대해 학생들에게 올바른 역사인식을 가르쳐주지 못했다. 그뿐만 아니라 최루탄과 화염병이 난무하는 대학생들의 시위 현장을 보면서도 방관자로서 구경만 했다.

군사정권이 바뀌고 문민정부가 들어서면서 비로소 나의 잘못된 역사인식을 깨닫게 되었다. 부끄러웠다. 그 해 처음으로 망월동 묘지를 찾아가 5월 영령들에게 역사의 죄인으로서 참회했다.

이 세상에 어느 누구인들 가슴 아픈 기억이 없겠는가! 하지만 5월 그때만큼 우리들의 가슴에 깊은 상처를 남긴 역사도 없으리라. 망월동 묘지에 묻힌 희생자나 국립묘지에 묻힌 군인이나 그들 모두는 우리들의 형제들이 아닌가? 더구나 굴욕의 세월을 살아온 희생자 유가족들의 슬픔을 누가 알겠는가? 또한 광주에 파견되어 살상을 자행한 군인들이 양심선언을 하지 못하고 세월의 뒤안길에서 침묵으로 살아온 삶은 얼마나 괴로울 것인가?

20년의 세월이 흐른 이제는, 5월 그 날의 해묵은 감정을 화해하고 용서할 수는 없을까? 숱한 역사의 소용돌이 속에서 피눈물로 살아온 우리 겨레에겐 찔레 소녀처럼 부모형제를 잃은 한 맺힌 사연이 어찌 없을까마는, 찔레가 죽어서 향기 짙은 꽃으로 피어나듯이 5월 그 날의 쓰라린 역사를 승화시켜 민족 화해의 꽃을 피울 수는 없을까?

5 · 18 광주민주화의거 20주년이 되는 올해, 광주시에서는 5 · 18 추모 꽃길사업으로 망월동 묘지 가는 길에 찔레꽃을 심었다고

한다. 배달겨레의 한 맺힌 사연을 간직한 그 꽃을 망월동 묘지 주변에 심었다고 하니, 참으로 감회가 깊다. 흰 꽃이 부활을 상징하듯, 찔레꽃이 하얗게 핀 망월 동산에 화해와 평화의 꽃넋이 영원하리라.

광주의 은행나무

광주에는 은행나무 가로수길이 많이 있다. 1980년 5 · 18 광주 민중항쟁 때 광주 시내의 가로수는 온통 은행나무로 도시가 은행나무숲으로 에워싸인 듯했다. 그 중에서도 옛 전남도청 주위에는 아름드리 큰 은행나무가 있었다. 나는 봄이면 연둣빛 이파리가 싱그럽게 피어나고, 가을이면 노랗게 물든 도청 앞 은행나무 가로수길을 좋아했다. 그러나 지금은 그 은행나무들이 사라져버려 안타까울 뿐이다.

옛 전남도청 앞 분수대는 민주주의를 쟁취하기 위해 광주 시민들이 궐기하던 곳이다. 그 역사의 현장에 남아 시민군이 스피커를 달았던 200여 년 된 회화나무마저도 2012년 여름 볼라벤 태풍으로 뿌리째 뽑혀 고사하고 말았다. 그래서 도청 앞에는 5 · 18을 기억할 만한 나무가 얼마 남아있지 않게 되었다. 다만 금남로의 은행나무가로수들만이 5 · 18의 슬픈 사연을 간직한 채 광주 시민들과 애환을 함께 하며 살아가고 있다.

광주의 은행나무는 광주 시민들이 민주화 투쟁을 하던 거리에 남아있는 역사적인 증거물이다. 그 나무들은 5 · 18 때 도청 앞에서 총격전이 벌어져 나무에 총탄이 박혀도 살아남았고, 군중시위 때는 최루탄의 독한 가스와 화염병의 거센 불길 속에서도 살아남았던 5 · 18과 생사를 같이 했던 나무들이다.

그래서 은행나무는 전라도 사람들을 닮았다. 은행나무는 화재를 당하면 타 죽기는커녕 오히려 껍질에서 물을 뿜어내 스스로 불을 끈다. 은행나무는 히로시마에 원자폭탄이 터질 때도 죽지 않고 살아남은 유일한 나무이다. 이처럼 은행나무가 여러 악조건을 견디며 천 년이 넘도록 장수하는 비결은 자기 방어력에 있다고 한다. 마치 전라도 사람들의 억세고 끈질긴 저항정신처럼 말이다.

5 · 18광주민중항쟁은 전라도 사람들이 불의에 저항한 여러 사건 중 역사적으로 계승된 일련의 사건으로 볼 수 있다. 임진왜란 때 의병의 봉기, 부패한 사회에 대한 반기로서 동학농민운동, 일제의 침략에 항거한 광주학생독립운동, 그리고 민주화 과정으로 이어지는 일련의 역사적인 사건 중의 하나이다.

역사적으로 소외당하고 핍박받으며 살아온 전라도 사람들은 그들만의 독특한 집단 무의식의 민중정서를 형성하게 되었다. 이는 변방지역에서 오랫동안 차별당하며 살아온 이 지역 사람들은 어느 지역보다도 민중의식이 강해 외침이나 불의에 대한 저항의식이 강렬했다. 이러한 전라도 사람들의 지역정서가 마침내 5 · 18 광주민주화운동이라는 민중항쟁으로 되살아났던 것이다.

이와 같이 전라도 사람들은 은행나무처럼 질기고 억세게 살아왔다. 지구상에 존재하는 모든 동식물들은 환경의 변화에 적응하기 위해 본래의 형태와 다르게 진화해왔다. 그렇지만 본래의 모습을 잃지 않고 지금까지 살아가는 것은 은행나무와 도롱뇽, 바퀴벌레밖에 없다고 한다. 은행나무는 3억 5천만 년 전 고생대 때 지구상에 나타나 7천만 년 전 백악기 말엽까지 세계 곳곳에 여러 종이 퍼져 살았으나 빙하기 때 다 얼어 죽고 오직 한 종만이 살아남아 1과, 1속, 1종으로 한국, 중국, 일본에만 살고 있다.

은행나무가 이처럼 오랜 세월 동안 살아남을 수 있었던 것은 자기를 방어하는 생존 능력이 있었기 때문이다. 이는 불의에 저항하며 투철한 역사인식을 가진 전라도 사람들이 천 년을 한결같이 살아가는 은행나무와 닮았다고 볼 수 있다. 그렇기 때문에 금남로 은행나무는 광주 시민들의 저항정신을 표상하는 기념물인 것이다.

그런데 광주 시민들과 애환을 함께한 은행나무 가로수들이 수난을 겪고 있다. 각종 공사와 관리 소홀로 은행나무 본래의 아름다운 모습을 잃어가고 있어 안타까울 따름이다. 비록 5 · 18이라는 아픔의 생채기가 남아있는 광주이지만 은행나무만이라도 건강한 생명체로 존재하여 광주 시민들과 함께 영원히 살아가야 한다. 이를 위해서는 광주시의 나무(市木)인 은행나무를 5 · 18 광주민중항쟁의 기념물로 지정하고 스토리텔링도 만들어야 한다.

그리하여 해마다 5월이 오면, 민주화의 성지 광주에 은행나무 새싹이 피어나듯이 민주주의를 위해 항거한 고귀한 희생정신이 되살아날 수 있도록 해야 한다. 그것은 숱한 시련과 역경을 극복하며 멸종하지 않고 지구상에 살아남은 은행나무처럼 불의와 외침에 저항하며 살아가는 전라도 사람들의 민중의식이 은행나무와 함께 영원할 수 있는 것이다.

그 해 여름의 옥수수

그녀가 면회를 왔다. 나는 전철역 앞에서 그녀와 옥수수를 사 먹었다. 낙하산 훈련을 받느라 지치고 굶주린 탓에 옥수수가 무척 맛있었다. 몇 개를 연거푸 먹었다. 그녀는 옥수수를 먹고 있는 나를 물끄러미 바라보고만 있었다.

그 해 여름은 비가 내리지 않았다. 가뭄이 한 달 동안이나 계속되어 초목들이 타들어가고 풀벌레 소리마저 들리지 않았다. 땡볕이 내리쬐는 무더운 여름날, 나는 공수특전사령부에서 한 달간 낙하산 훈련을 받고 있었다. 어찌나 더운지 쉬는 시간이면 소금을 한 주먹이나 먹었다. 일사병에 걸리지 않기 위해서였다.

그때 나는 육군 소위였다. ROTC로 임관하여 동료들은 보병학교를 수료하고 전 · 후방에서 소대장을 하고 있는데, 나는 공수부대에 차출되어 낙하산 훈련을 받느라 그 해 여름을 지옥처럼 보냈다.

그녀는 혹독한 훈련을 받고 있는 나를 위로하기 위해 먼 길을 찾아왔다. 그녀는 대학을 갓 졸업한 후 섬마을 선생님을 하고 있었다. 그런데 주말을 이용하여 완도 금일에서 서울까지 불원천리 찾아온 것이다.

여름 한 달 동안 낙하산 훈련을 마치고 곧이어 특수전 훈련을 받았다. 우린 무장간첩처럼 산 속에 은거하며 작전을 수행했다. 우리들이 먹을 식량과 부식은 낙하산으로 투하됐다. 깊은 산 속에 투하된 보급품을 찾기란 결코 쉬운 일이 아니었다. 더욱이 쌍방훈련으로 대항군이 있기 때문에 낮에는 찾을 수가 없고 밤에만 찾아야 했다. 그 중에는 우리가 꼭 찾고 싶은 것이 있었다. 편지 뭉치였다. 그것은 우리가 훈련을 받는 동안에 온 편지들로 대부분 가족이나 연인들에게서 온 것들이다.

사랑하는 그녀의 편지도 있었다. 그녀의 편지를 읽으면서 나는 울었다. 면회를 왔던 그녀는 검은 베레모를 쓴 나를 처음 본 순간 대학생 때의 순수하고 낭만적인 모습은 찾아볼 수 없고, 시커멓게 그을린 얼굴에 굶주린 사람처럼 혼자 게걸스럽게 옥수수를 먹는 모습을 보고, 이 남자와 꼭 결혼을 해야 하느냐는 갈등과 번민을 했다는 내용의 편지였다.

낙하산으로 배달된 편지는 이 세상의 어느 글보다도 아름다운 글이었다. 그렇기 때문에 편지를 항상 호주머니에 넣고 다니면서 읽고 또 읽었다. 그런데 그녀가 보낸 옥수수 먹던 사연의 편지를 읽고는 삶의 의욕을 잃었다. 그 해 여름에 그렇게도 내리지 않던 비가, 산 속에서 훈련을 받을 때는 장대비가 쏟아졌다. 장대비에 내 몸이 축축이 젖어들 듯 내 마음도 슬픔에 젖었다. 그동안 애지중지 호주머니에 넣고 다니던 비에 젖은 편지를 모두 찢어버렸다.

그녀가 편지를 보내지 않는 까닭은 그 놈의 옥수수 때문이라고 생각했다. 옥수수를 먹지 않기로 결심했다. 그녀의 가슴 아픈 추억을 다시는 기억하지 않기 위해서였다.

그녀와 사귄 지 7년 만에 결혼을 했다. 아내는 여름방학을 맞아 내가 근무하는 전방으로 왔다. 비무장지대 민통선에는 옥수수밭이 많았다. 둘이서 옥수수 밭길을 걸으며 전철역 앞에서 옥수수 먹던 이야기를 하며 웃었다. 우리는 알이 토실토실 영근 먹음직스러운 옥수수를 라면상자에 담아 고향에 계시는 친지들에게 보내드렸다. 제대를 하고 고향에 갔더니, 그때 보내준 옥수수가 배달되는 과정에서 모두 썩어버렸다고 한다. 더구나 그 옥수수는 사료용이라고 했다.

지금도 우리 가족들은 옥수수를 좋아한다. 생전에 어머님이 옥수수를 좋아했기 때문에 텃밭에 찰옥수수를 심어 여름이면 옥수수를 즐겨 먹었다. 그래서 누님은 어머님 제사 때면 찰옥수수를 사 오신다. 그러나 나는 옥수수를 먹지 않는다. 아내는 옥수수를 먹지 않는 나를 보고 빙긋이 웃으며 옥수수를 맛있게 먹는다.

어느덧 30여 년의 세월이 흘렀다. 며칠 전에 아내가 친정에서 옥수수를 가져왔다. 이제는 옥수수를 먹어도 되지 않겠느냐는 것이다. 30여 년 전의 옥수수 맛을 기억하며 옥수수를 먹는다는 것은, 이 또한 아름다운 추억이 아니겠는가.

월남에서 흘린 눈물

세월의 골짜기를 건너오면서 결코 잊을 수 없는 것은 전쟁 트라우마였다. 이번 베트남 여행에서 일행 중 한 분이 청룡부대로 월남전에 파병되었던 칠순 노병이 있었다. 그는 49년 전인 스무 살 때 전쟁이라는 죽음의 골짜기를 건너왔다고 한다.

스무 살 청년이 겪었던 전쟁 트라우마는 평생 그리움이 되어 희미한 기억 속에 머물고 있었다. 그는 아내와 사별한 후 조카를 데리고 다낭, 후에, 호이안을 여행하면서 베트콩과 치열하게 전투를 벌였던 부대를 가보고 싶어 했다. 다행히 가이드의 배려로 해병대 사령부가 주둔했던 곳을 찾아갔다.

그 당시와 너무나 변해버린 그곳에서, 그는 어렴풋한 기억을 되살리려고 애를 썼다. 하지만 패망한 월남군의 유적은 제대로 남아 있지 않았다. 흔적만 남은 사령부 표지석을 기준으로 청룡부대가 저기 있었고, 멀리 바다가 보이고, 정글이 보이고, 그의 눈앞에서 죽어간 전우들의 죽음을 이야기할 때는 눈시울이 충혈되면서 눈물을 흘리고 있었다. 가슴 속에 응어리진 눈물이었으리라.

그는 여행기간 내내 49년 전인 1968년의 과거로 되돌아가 있었다. 그의 이야기를 들으면서, 나 역시 어두운 기억 저편에 머물고 있는 또 다른 슬픈 사연이 떠올랐다.

월남 파병이 한창일 무렵, 친구 누나는 한 남자를 사랑하고 있었다. 별이 빛나는 밤이면 그녀는 사랑하는 남자에게 사랑의 연서를 전해달라고 나에게 부탁을 했다. 우리 동네에 살고 있었던 그 남자도 나를 통해서 사랑하는 마음을 그녀에게 전했다. 나는 그들을 위한 사랑의 우편배달부였다.

그러던 어느 날, 그녀가 울고 있었다. 사랑하는 남자가 군대에 간다는 것이다. 그리고 오래지 않아 그가 월남으로 파병되었다는 소식을 들었다. 그녀는 더욱 더 그를 그리워했다. 먼 이국의 전쟁터에 있는 그를 생각하며 무사하기만을 간절히 기도했다. 그리고 그녀는 사랑하는 마음을 담은 편지와 함께 하얀 손수건에 남십자성과 야자수를 곱게 수놓아 보내곤 했다.

월남전이 한창 치열하던 무렵, 그가 전사했다는 통지서가 날아왔다. 그녀는 그 소식을 듣고 미친 사람처럼 며칠 동안 울기만 했다. 두 남녀를 위해 애틋한 사랑의 연서를 전해주던 나에게도 그녀의 슬픔이 전이되는 듯 파도처럼 서러움이 밀려왔다. 별빛이 보이지 않는 캄캄한 밤길을 혼자 걸으며 그의 죽음을 슬퍼하며 울었다.

세월은 깊고 푸른 강물처럼 소리 없이 흘러갔다. 그동안 무소식이 희소식만은 아니었다. 친구의 누나가 암에 걸려 사경을 헤매고 있다는 소식을 전해 듣고 찾아갔다. 고운 얼굴에는 세월의 더께처럼 주름살이 얼룩져 있었다. 그녀는 나를 보자 지나간 아름다운 날들을 그리워하는 듯 눈물만 흘릴 뿐 말이 없었다. 아직도 첫사랑을 못 잊어 하는 것 같아 마음이 아팠다.

그녀는 영화를 통해서 월남전의 비참한 실상과 참전용사들의 처절한 전투 장면을 보았다고 한다. 영화를 보면서 첫사랑의 연인을 얼마나 그리워했으며, 그의 죽음으로 인해 얼마나 크나큰 마음의 상처를 받았는지 알 것만 같았다. 가슴 속에 한이 되어 트라우마가 되었으리라.

임종을 앞둔 그녀가 사랑하던 사람이 전사했다는 월남을 가보고 싶어 했다. 하얀 손수건에 남십자성과 야자수를 한 땀 한 땀 수놓으며, 사랑하는 님이 무사하기만을 빌고 또 빌었을 그 마음으로…. 하지만 말기암의 몸으로 갈 수가 없었다. 대신 내가 그곳에 다녀와서 이야기를 해주겠다고 했다.

첫사랑을 그리워하는 그녀를 위해 베트남을 찾아갔다. 벌써 11년 전의 일이다. 그 당시 전투가 치열했던 전적지를 찾아갔다. 예전에 적이었던 베트콩들은 무공훈장을 가슴에 달고 의기양양해 하며, 적화통일을 이룬 호치민을 전쟁영웅으로 떠받들고 있었다. 그들을 보면서 패전국인 월남을 위해 청춘을 바친 우리 젊은 영혼들이 불쌍하다는 생각이 들었다. 더욱이 베트콩이 파놓은 땅굴과 그들이 설치한 부비트랩을 보는 순간, 잔인하게 죽임을 당했을 국군장병들과 그들의 사랑하는 연인들이 흘렸을 피눈물을 생각하니 울분을 참을 수가 없었다.

베트남은 북위 17도선으로 분단되어 1955년부터 1975년까지 월남군과 월맹군이 치열하게 전투를 벌였다. 한국군은 1964년부터 휴전협정이 조인된 1973년까지 31만 2853명이 참전하여 5099명이 전사하고 1만 1232명이 부상당한 쓰라린 아픔을 남긴 전쟁이었다. "자유 통일 위해서 조국을 지키시다 / 조국의 이름으로 님들은 뽑혔으니 / 가시는 곳 월남 땅 하늘은 멀더라도 / 한결같은 겨레 마음 님의 뒤를 따르리라"라고 노래하면서, 파월장병들은 먼 이국 땅에서 피를 흘렸던 것이다.

그러나 이번에 찾아간 베트남은 이전과는 달랐다. 베트남 사람들은 과거 월남전을 기억하고 싶지 않다는 것이다. 한국군이 저지른 민간인 학살에 대해서는 "과거는 용서하되, 잊지는 않는다"고 했다. 그러면서 베트콩의 게릴라전에 희생당한 한국군과 라이 따이한에 대해서는 아무 말이 없었다.

49년 전, 귀신 잡는 해병으로 참전한 노병의 팔에는 아직도 흉터가 훈장처럼 남아있었다. 그는 포탄이 밤하늘의 별똥별처럼 쏟아지는 전쟁터에서 레이팜탄에 화상을 입고 후송되었다고 한다. 그는 월남에서 13개월간 전투를 하는 동안 그토록 생에 대한 애착을 가져본 적이 없었다고 한다.

그런데 이번 베트남 여행을 하면서 친구의 누님이 흘린 눈물과 노병의 핏발 서린 눈물이 오버랩 되는 까닭은 무엇 때문일까? 세월의 골짜기를 건너오면서 결코 잊을 수 없는 것은 그리움일 것이다. 아무리 비참한 전쟁터에서도 사랑하는 연인을 그리워하고, 스무 살 아름다운 청춘을 전쟁터에서 보냈던 고희가 된 노병도 지난 일들이 그리워지는 것은, 지나간 날들은 모두 아름다운 모습으로 미화되기 때문이리라.

세월이 흐르면 과거의 은혜와 원수도 잊혀지기 마련이다. 베트남 사람들도 한류를 좋아하고, 베트남 처녀가 한국 총각과 결혼하여 다문화 가정을 이루며 살아가고 있다. 이제는 월남전쟁을 잊어버리고 서로 용서하고 화해하는 마음으로 평화롭게 살아가야 한다.

언제 또다시 노병을 만나면, 월남전에서 전사한 그들이 밤하늘에 별이 되어 그리움처럼 반짝이고 있을 거라고 이야기해야겠다.

제3장

급변하는 사회에서 살아남기

사람들은 시간에 쫓기며 살아간다. 그러나 '지금 이 시간에 무슨 일을 하고 있느냐'에 따라 인생이 달라질 수 있다는 사실을 알아야 한다.

세상을 살면서 우선적으로 해야 할 일은 정리하며 사는 일이다. 정리정돈하는 생활 속에서 자신을 성찰하고 안분지족하는 삶을 살아가야 한다.

역대 광주문협회장과 김한호 정년퇴직 기념만찬

시간에 쫓기는 사람들

사람들은 시간이 빨리 지나간다고 한다. 그러면서 항상 시간이 부족하다고 말한다. 소설 《모모》처럼 시간 도둑이 훔쳐간 것일까? 현대인들은 왜 이렇게 시간에 쫓기며 불안하게 살아가야 한단 말인가? '빨리 빨리'가 일상화 돼버린 한국 사람들은 시간의 속도와 경쟁하면서 살아가는지도 모른다.

그러나 아무리 빠르게 시간을 쫓아간다고 해도 시간을 따라잡을 수는 없다. 초광속 비행물체를 타고 날아간다고 해도 과거나 미래로 시간여행을 할 수 없다는 가설이 과학자들로부터 증명된 바 있다. 그렇기 때문에 지나가버린 시간은 되돌아올 수 없고, 미래의 시간은 예측할 수 없는 게 인생이다. 그러므로 지금 이 순간, 살아있는 이 시간이 무엇보다 소중하다.

더구나 시간은 절대적이 아니라 상대적이다. 이것은 물리학뿐만 아니라 심리학에서도 공통적으로 증명된 현상이다. 재미있는 상황에서는 시간이 빨리 지나가지만 불편한 상황에서는 시간이 느리게 지나간다. 또한 아무것도 안 하고 보낸 세월은 강물처럼 흘러가버리지만 보람된 일을 한 세월은 시간이 꽤 길었던 것으로 기억된다.

대체로 사람들은 나이를 먹을수록 시간이 빨리 지나가는 것처럼 느낀다. 이러한 까닭은 어릴 때 기억이 오랫동안 뇌리에 남아 반복해서 생각나기 때문에 긴 시간처럼 느껴진다. 또한 어릴수록 일을 하는 데 낯설고 서툴러 일을 처리하는 시간이 오래 걸리지만, 나이가 들면 경험이 쌓이면서 일 처리가 빨라져 시간이 빨리 지나가는 것처럼 느껴진다.

그런데 시간에 쫓기는 사람들은 대개 시간 관리를 잘 못하는 경우가 많다. 이는 목적이 없는 배가 바다에서 표류하듯이 목표가 뚜렷하지 않은 인생은 어떻게 살아야 할지 모르기 때문에 그때 그때 바쁘게만 살아간다. 마치 교통신호를 지키지 않고 목숨을 걸고 바쁘게 배달하는 오토바이 배달원처럼 말이다.

따라서 무작정 서두를 게 아니라 급하고 중요한 일의 우선순위를 정한 후, 먼저 해야 할 일은 미리 미리 준비하고, 어떻게 그 일을 처리할 것인가를 생각해서 여유를 갖고 하면 스트레스를 받지 않고 바쁘게 살지 않아도 된다.

시간을 계획적으로 사용하여 많은 업적을 남긴 사람으로는 유전학자이며 동물학자인 러시아의 류비셰프(1890~1972)가 있다. 그는 50여 년 동안 하루도 빠짐없이 '시간통계 노트'를 작성하며 시간을 관리했다. 그는 82년을 사는 동안 25억 8595만 2000초를 살면서 시간을 쪼개 살았다. 특히 자투리 시간을 잘 활용했으며, 매일 8시간 이상 자고 운동과 산책을 즐겼다. 대부분의 사람들은 시간을 자기의 것으로 만들지 못하고 시간의 노예가 되는데 비해 류비세프는 시간을 지배하고 살았다.

인생은 시간으로 되어 있다. 시간은 우리의 삶이며, 기회는 운명을 바꾸기도 한다. 그리스 신화에는 '시간의 신'인 크로노스와 '기회의 신'인 카이로스가 있다. 그리스어로 그저 흘러간 시간을 '크로노스'라 하고, 의미 있게 보낸 시간을 '카이로스'라고 한다. "당신이 의미 없이 보낸 오늘은 어제 죽은 이가 그토록 갈망하던 내일이다." 그리고 "당신의 미래는 오늘이다"라는 말처럼 "오늘 이 시간에 무슨 일을 하고 있느냐?"에 따라 자신의 인생이 달라질 수 있다는 사실을 명심해야 한다.

돌연변이 아이들

어떤 부모는 자기 아이를 돌연변이라고 한다. 분명 부모로부터 유전자를 타고났을 텐데도 부모를 닮지 않은 것 같다고 한다. 이유인 즉, 아이들이 부모세대와는 너무 다른 사고방식과 별난 행동을 하기 때문이란다. 특히 스마트폰에 중독되어 공부를 하지 않는다고 걱정이다.

대부분의 부모들은 자녀들이 부모보다 더 나은 사람이 되기를 바라고 있다. 그래서 공부를 열심히 하여 명문대학에 진학하여 훌륭한 사람이 되도록 과외를 시키고 외국 연수도 보낸다. 그러나 자녀는 부모의 기대에 부응하지 못하면서 갈등이 생기고, 심지어 자살까지 하는 경우도 있다.

요즘 아이들은 부모세대가 학교에 다니던 시대와는 너무나 다른 환경에서 성장하기 때문에 부모와 자식 간에 대화가 잘 되지 않는다고 한다. 그래서 공부만 강요하는 부모는 공부를 하지 않는 아이가 돌연변이처럼 '어버이 계통에 없던 새로운 형질이 갑자기 출현한 것'으로 착각하고 있다. 이와 같은 현상은 우리 주변에 '오리의 우화'와 같은 일들이 벌어지고 있다.

자연에 사는 오리는 새 중에서도 잘 날고, 헤엄도 잘 치며, 땅에서도 잘 걷는 팔방미인이다. 마치 한국교육처럼 모든 교과를 잘하는 편이다. 그런데 오리는 뒤뚱뒤뚱 걸으며 느리고 둔하다. 그래서 오리 엄마는 새끼오리를 하늘 높이 나는 독수리처럼 만들기 위해 밤낮으로 훈련을 시키고 과외까지 시켰으나 오리발이 찢어지고 높은 데서 떨어져 죽고 말았다.

모든 새가 다 하늘 높이 날아야 할 필요는 없다. 오리는 오리의 능력에 맞게 날면 되고, 날지는 못하지만 빨리 달리는 타조나 깊은 물 속에까지 잠수하는 펭귄은 그들 나름대로 살아가면 되는 것이다. 그런데도 부모들은 자녀들이 특출한 인재가 되기를 바라고, 학교에서는 높이 날도록 경쟁만 시키고 있다.

자연 속에 살아가는 모든 생명체는 저마다 타고난 자질을 바탕으로 분수에 맞게 살아간다. 그러나 인간은 과욕을 부리며 남과 비교하고 만족하지 못하면서 행복을 잃어가고 있다. 마치 오리를 독수리로 만들려는 오리 엄마처럼 자녀의 개성을 무시하고 부모의 뜻대로 키우려고 한다.

그러나 모든 생명체는 타고난 자질과 환경에 따라 성장한다. 닭은 날 필요가 없기 때문에 날 수 있는 날개를 가졌는데도 날기를 포기하여 날지 못한다. 그러나 꿀벌은 날지 않으면 안 되기 때문에 몸무게에 비해 작은 날개로 날기 어려운 데도 부단한 노력으로 날아다닌다. '코이'라는 관상 잉어는 작은 어항에서 기르면 5~8㎝밖에 자라지 못하지만 강물에서는 90~120cm까지 성장한다.

이처럼 어떠한 환경에서 자라느냐에 따라 엄청난 차이를 보인다. 더구나 인간은 유전자에 의해 영향을 받는 요인은 30%에 불과하지만 후천적인 요인에 의해 많은 변화가 생긴다. 아이들의 성장은 시대변화와 사회환경의 영향을 많이 받는 것이지, 오리를 독수리처럼 키운다고 되는 것은 아니다.

아이들에게는 자기가 하고 싶은 일을 잘 할 수 있도록 도와주는 부모의 관심과 애정이 성장에 큰 영향을 미친다. 그러므로 아이들의 소질과 적성을 계발하여 행복한 삶을 살아갈 수 있도록 도와주어야 한다. 아이들에게 공부만 강요하는 입시위주의 교육보다는 미래사회의 변화에 적응하며 살아갈 수 있는 미래지향적인 교육이 필요한 것이다.

모든 생명체의 진화는 돌연변이의 산물이다. 인간의 돌연변이는 태어나면서 유전적인 변화뿐만 아니라 생존하는 동안에도 환경에 의한 돌연변이가 계속 진행되고 있다. 더욱이 인간은 살아가면서 지혜와 경험을 통해 다양하게 변화하면서 돌연변이가 되어간다. 그렇기 때문에 우리들은 부모의 유전형질을 그대로 이어받아 부모세대와 같이 살아가는 것이 아니라, 시대와 환경의 변화에 따라 행복을 추구하며 살아가는 돌연변이 인간들인 것이다.

우리도 행복할 수 있을까요

행복지수 세계 1위인 덴마크를 몇 년 전에 갔을 때였다. 자전거를 타고 온 한 무리의 학생들이 언덕배기에 옹기종기 모여 꽃이 흐드러지게 핀 들판을 스케치하고 있었다. 그림을 그리는 아이들은 봄 햇살을 즐기기라도 하듯 몇몇 아이들은 웃옷을 벗은 채로 아름다운 자연을 만끽하며 즐겁게 그림을 그리는 모습이 무척 행복해 보였다.

그들 중에 유난히 얼굴이 검은 녀석이 내게 다가와 서툰 영어로 어느 나라에서 왔느냐고 물었다. 나는 그들의 모습이 천진난만하여 낯선 이방인으로서 친밀감을 보이기 위해 한국 동전을 주려고 하자 아이들이 둥그렇게 내 주위에 모여들며 다 같이 손을 내밀었다. 한국 학생들 같으면 먼저 가지려고 아우성이었을 텐데, 누구도 먼저 가지려고 다툼을 하지 않은 모습에서 '우분트(ubuntu)'라는 말이 생각났다.

아프리카 부족을 연구하던 어느 인류학자가 아이들을 모아놓고, 나무 옆에 싱싱하고 달콤한 과일이 있으니 1등으로 뛰어간 아이에게 과일을 모두 주겠다고 했다. 그런데 아이들은 마치 약속이라도 한 듯 서로 손을 잡고 달려가 함께 과일을 즐겁게 나누어 먹었다.

인류학자는 아이들에게 "1등으로 간 사람에게 과일을 모두 주려고 했는데, 왜 손을 잡고 같이 갔느냐?"고 묻자, 아이들은 합창하듯이 "우분트!"라고 대답했다. 그리고 "1등을 한 친구가 다 가지면 나머지 친구들은 슬퍼할 건데 나만 기뻐할 수 없지 않느냐?"고 했다. 우분트는 아프리카 반투족의 말로 '우리가 함께 있기에 내가 있다'라는 뜻이다. 넬슨 만델라 대통령이 자주 강조해 널리 알려지기 시작한 이 말은 1등만을 강요하는 한국의 교육현실과 비교되어 씁쓸하기만 했다.

한국의 학교교육은 '누가 누가 잘하나'라고 치열한 경쟁만 조장할 뿐 '인간다운 삶'을 가르쳐주지 못하고 있다. 게다가 '알면서도 실천하지 않는 잘못된 인성교육' 때문에 사회 지도층 중에는 '자기만 잘 먹고 잘 살면 된다.'는 사고방식으로 나눔과 베풂의 미덕은커녕 오히려 부정부패를 저지르는 경우도 있다. 반면에 청년들은 일자리가 없어 '헬조선'을 부르짖고, 빈부의 양극화는 더욱 심화되어 사회적 갈등이 심각한 문제가 되고 있다.

더구나 미국의 트럼프 대통령 당선으로 불확실한 국제정세와 박근혜 대통령이 연루된 최순실 게이트는 국가 전반에 걸쳐 내

우외환의 불안한 상황으로 번져가고 있다. 이러한 부조리한 현실을 더 이상 참지 못한 우리 국민들은 분연히 일어나 지난해 말부터 100만 군중 촛불집회가 광화문 광장에서 타올라 들불처럼 전국적으로 번지고 있다.

그런데 이번 100만 촛불 시위는 다른 시위 때와는 달리 중 · 고등학생들과 가족들이 함께 참여한 경우가 많았다. 이들은 "이게 나라냐?"라고 외치면서 대한민국의 미래를 걱정하고 있었다. 학생들은 '빽 있고 돈 많은 인간들만 성공하는 사회가 아닌 열심히 일하면 행복하게 살 수 있는 나라'를 희망하고 있었다. 그러면서 행복지수가 세계에서 꼴찌인 한국 학생들은 "우리도 행복할 수 있을까요?"라고 묻고 있었다.

행복지수 세계 1위인 덴마크는 학교교육을 통해 '다 같이 행복한 삶'을 사는 나라를 만들었다. 반면에 한국은 아직도 경쟁이 치열한 입시교육으로 학생들이 힘들게 공부하고 있는데, 정유라의 이화여대 특혜 의혹은 분노한 학생들이 시위 현장으로 뛰쳐나올 수밖에 없지 않겠는가?

흙수저 탓만 하는 N포 세대

얼마 전 서울대생이 "생존을 결정짓는 것은 전두엽 색깔(지적 능력)이 아닌 수저 색깔"이라는 유서를 남기고 옥탑방에서 투신자살했다. 지금의 N포 세대 중에는 부모가 가난하기 때문에 취직도 하기 어렵다며 흙수저 탓만 하는 청년들이 많다.

수저 계급론은 "수저를 물고 태어난다"는 서양의 속담에서 나온 말로, 금, 은, 동, 흙수저는 사회적 신분에 따른 불평등에 대한 담론으로 부모의 신분과 빈부의 차이에 따라 현대판 사회계급이 세습된다는 것이다. 그래서 출세하고 부자인 부모를 가진 자녀는 금수저를 물고 태어나서 부모 덕분에 좋은 직장에 취직하는 반면에, 흙수저는 취업도 제대로 할 수 없다고 불평을 하고 있다.

그런데 한국사회는 개인의 능력과 노력보다는 부모의 사회적 지위나 재력이 점점 중요해지면서 사회적 갈등이 심화되고 있다.

게다가 노동소득보다 소유재산으로 얻게 되는 재산소득이 갈수록 높아지면서 빈부 격차가 커지고 있다.

그래서 N포 세대들은 사회 양극화로 불공평한 현실에 대한 불만으로 '헬조선'이라고 '지옥(hell) 같은 한국'의 사회현실을 풍자하고 있다. 특히 15~29살의 청년들은 온갖 노력을 다해 스펙을 쌓고 취직을 하려고 해도 일자리를 찾지 못해 모든 것을 포기하는 무력함을 보이고 있다.

정부에서는 일자리 창출을 위해 노력한다고 하지만 청년실업률은 전체 실업률의 2배가 넘는 10%로 144만 명이나 된다. 그 중에는 교육 훈련을 받지 않으면서 경제활동도 하지 않고 그냥 시간만 보내는 청년들을 '니트족'이라고 하는데, 한국은 외국보다 대졸 이상의 고학력자가 많으며 27만 명(24.4%)이나 된다.

이들 니트족은 연애 · 결혼 · 출산을 포기한 '3포'에서, 내 집 마련 · 인간관계도 포기한 '5포', 그리고 꿈 · 희망마저도 포기한 '7포'를 넘어, 모든 것을 포기한 'N포 세대'들이다. 이들은 부모에게 빌붙어 사는 캥거루족, 빨대족이거나 부모를 뜯어먹고 사는 거미족, 우렁이족으로 불리고 있다.

그런데 니트족뿐만 아니라 일부 청년들은 훍수저 탓만 하며 더럽고, 위험하며, 어려운 3D 업종은 아예 외국인 노동자들이나 하는 일로 생각하고 취업을 꺼리고 있다. 게다가 부모세대처럼 중동에 취업하라고 하니, "너나 가라!"고 하면서 냉소적인 반응을 보이고 있다. 그러면서 편하고 돈 많이 주는 일자리만 찾고 있다. 더구나 이들은 취업을 하더라도 잘 적응하지 못하고, 직장을 옮겨다니는 철새 취업자들이 늘어나고 있는 실정이다.

그러나 청년실업은 한국만의 문제가 아니라 세계적인 추세로 심각한 상태이다. 이는 새로운 일자리를 창출하는 속도보다 인구가 더 빠르게 증가하는 데다, 기계 자동화와 로봇의 발달로 20년 안에 일자리의 50%가 없어진다고 한다.

그런 데다 한국에서는 황제 노조와 정년 60세 연장으로 청년 일자리는 더욱 줄어들게 되었다. 그래서 정부에서는 임금 피크제를 통한 청년 일자리 창출과 비정규직의 고용 안정 등 임금제도 개편과 노동개혁을 통해 청년실업 문제를 해결하려고 한다.

그러나 무엇보다도 학벌이나 스펙 위주의 취업 풍토를 개선해야 한다. 대학진학률은 70%가 넘는 데, 대졸생의 취업률은 30%도 되지 않는다. 그러다보니 공시생들이 넘쳐나고, 취업을 하지 못한 니트족이 늘어나면서 N포 세대들이 흙수저 탓만 하게 되는 것이다. 그렇지만 "젊어서 고생은 사서도 한다"는 말이 있듯이, 가난을 극복하고 경제성장을 이룬 부모세대처럼 하늘이 감동할 만큼 노력하면 되지 않겠는가?

폭탄주 때문에

지난해, 파리 테러 때 극장에서 다리에 총을 맞고 살아난 매슈는 자기를 구해준 르몽드 기자 프세니와 술을 거나하게 마시기로 약속했다고 한다. 그는 2001년 뉴욕 9 · 11테러 때도 구사일생으로 살아난 적이 있었다. 세계적인 테러 현장에서 두 번이나 불행 중 다행으로 목숨을 건진 사람이 생명의 은인에게 해주고 싶은 것이 술이라니, 술만큼 좋은 선물도 없는 듯싶다.

한서(漢書)에 '술은 하늘이 내려준 복'이라고 할 만큼 술은 즐거움을 위해 필요하다. 술을 마시면 엔도르핀이 분비되어 기분이 좋아지고 만족감을 느끼게 된다. 그래서 옛 선비들은 경치 좋은 곳에서 풍류를 즐기며 술을 마셨다. 그런데 급변하는 시대에 빨리 빨리를 좋아하는 한국 사람들의 성미에 맞게, 빨리 취하는 소주、맥주 폭탄주가 다양한 건배사와 함께 유행하고 있다.

폭탄주는 19세기 초 미국의 부두 노동자들이 빨리 취하기 위해 맥주에 위스키를 혼합해 마신 것이 유래라고 한다. 하지만 한국에서는 표주박으로 술을 마실 때, 관아마다 결속을 다지기 위해 혼돈주를 돌려가며 마시던 음례(飮禮)가 검찰이나 군대 등에서 폭탄주로 바뀌면서 1980년대 초반부터 단체 회식을 할 때 대중화되었다.

그런데 폭탄주라는 좋지 못한 음주문화가 수십 년 동안 지속되고 있다는데 문제가 있다. 내가 군대생활을 할 때, 낙하산 훈련을 마치고 나면 철모에다 막걸리를 가득 부어주기도 했고, 특수전 훈련을 받을 적에는 군화에다 술을 따라 마시기도 했다. 게다가 부대 회식 때는 상관이 맥주컵을 던지면 그걸 받아 소주를 가득 채운 후 원샷으로 마시는 객기도 부렸다. 하지만 지금처럼 모두에게 폭탄주를 돌려가며 원샷으로 마시지는 않았다.

폭탄주를 돌리면 많이 마시게 되고, 알코올 흡수가 빨라져 크게 취한다. 그래서 사람이 술을 마시다 결국에는 술이 사람을 마시게 되어 고주망태가 돼버린다. 더구나 폭탄주를 마시면 감정이 폭발하여 실수를 하거나 사고를 일으키게 된다. 폭행, 성추행, 음주운전 등 각종 사고의 원인이 되고 있다. 그러므로 기분 좋다고 마신 폭탄주가 오히려 화가 되고 독이 되는 셈이다.

우스갯소리로 북한의 김정은이 폭탄주 무서워서 남한에 못 온다고 한다. 남한에는 집집마다 핵가족이요, 거리마다 총알택시요, 술집마다 왕대포인데다 폭탄주까지 마시고 있으니 무섭지 않겠는가? 그런데 우리 국민들은 그 무서운 폭탄주를 즐겨 마시고 있으니 문제가 아닐 수 없다.

예로부터 술을 마실 때는 술로 인한 실수를 하지 않도록 주도를 가르쳤다. 또한 나라마다 독특한 음주문화가 있다. 서양에서는 자기 잔에 손수 술을 따라 마시며, 일본에서는 잔이 비면 술을 따라 주고, 중국에서는 상대편에게 술을 권하면 실례가 된다고 한다. 우리나라에서는 강제로 술을 권하고 서로 술잔을 주고받기도 하는데, 이는 좋지 않은 음주문화이다.

술을 마실 때는 세 가지가 어우러져야 좋은 술자리라고 할 수 있다. 술은 누구와 함께, 어떤 분위기에서, 무슨 술을 마시는가가 중요하다. 반가운 사람과 정담을 나누며 좋은 술을 마셔야 비로소 멋과 맛과 정이 어우러진 술자리인 것이다. 그러나 폭탄주는 '위하여'를 다 같이 외치며, 동시 다발적으로 마셔대기 때문에 술을 즐기기보다는 취하기 위해 마실 수밖에 없다. 그래서 폭탄주를 마시면 몸에 해롭고 실수나 사고가 많이 발생한다.

술은 잘 마시면 건강에도 좋고 친교에도 좋다. 그러나 잘못 마시면 돌이킬 수 없는 실수와 사고를 일으키며, 만병의 근원이 된다. 그러므로 우리 국민들은 '폭탄주 돌리기'와 같은 불건전한 음주문화를 하루 빨리 개선하지 않으면 안 된다.

폭탄주를 좋아하는 술꾼들이여! 제발 폭탄주를 남에게 권하지 마시라. 그리고 폭탄주를 싫어하는 사람들과 술을 잘 마시지 못하는 사람들은 절대로 폭탄주를 마시지 않기를….

폭탄주 때문에 인생이 망가져서야 되겠는가?

짱들의 세상

"잘 생겨야 출세한다"는 말이 떠돌면서 지금 우리 사회는 얼짱, 몸짱 등 '짱'이란 말이 유행하고 있다. 너도 나도 얼짱과 몸짱이 되기 위해 가꾸고 다듬는 것으로도 부족해 병원에서 얼굴과 몸을 성형수술하고 있다.

더욱이 짱 신드롬은 때마침 불고 있는 웰빙 열풍까지 겹쳐 날이 갈수록 심화되고 있다. 연예인은 물론이고 정치인, 학생들까지 덩달아 성형수술을 하고 있어 유명 성형외과는 문전성시를 이루고 있다.

요즘은 인터넷의 영향으로 한 번 바람이 불기 시작하면 좋고 나쁨의 판단도 없이 쏠림현상으로 모두가 열광한다. 그래서 자신도 모르게 나르시시즘에 빠져들고 만다. 자신의 완벽하지 못한 외모를 이상형에 맞춰 뜯어고치고 그들과 동일시하는 나르시스가 되는 사람이 많아졌다.

현대판 나르시스들이 설치는 짱들의 세상은 우리 사회가 다양화를 지향하면서도 한편으론 획일화되어 가고 있는지도 모른다. 얼짱이나 몸짱이 되기를 바라는 사람들이 많은 것은 그동안 잠재된 자기 과시가 외형적으로 드러난 것이라고 볼 수 있다.

그러나 개성과 다양성이 존중되는 사회에서 누구나 자기 잘난 멋에 살고, 남에게 잘 보이기 위해 외모에 신경을 쓰는 일이야 어쩔 수 없다. 그렇지만 자신의 실력을 위해 노력하는 일보다는 얼짱과 몸짱이 되기 위해 혈안이 되고 있다면, 이는 우리 사회의 문제가 아닐 수 없다.

아름다운 얼굴은 타고 나거나 가꾸는 것만으로 되는 것이 아니라 심성이 고와야 된다. 마음을 어떻게 쓰느냐에 따라 얼굴 모습이 변하며, 얼굴 표정을 어떻게 짓느냐에 따라 마음 상태도 달라진다. 그러므로 외모보다는 내면의 아름다움에 더 가치를 두어야 하는 것이다.

'짱'이라는 말은 어떤 분야의 우두머리인 '장(長)'에서 나왔다. 그 반대는 '꽝'이다. 대부분 사람들은 잘 생기고 똑똑한 사람을 가리켜 짱이라고 부른다. 그러나 세상을 움직이는 많은 사람들 중에는 얼짱, 몸짱이 아닌 사람들이 많이 있다. 열심히 일하는 '일짱', 항상 밝게 웃는 '웃짱', 따뜻한 마음씨를 가진 '마음짱' 등 외모보다는 자신의 개성과 적성을 살려 아름다운 삶을 추구하는 '나짱'들이 많이 있다.

우리도 이런 사람들처럼 '짱'이 되어보자. 그러면 그들과 더불어 살아가는 '짱들의 세상'은 더욱 아름다워질 것이다.

성공을 바라는 사람들

성공하고 싶다면 '성공한 사람들'을 닮아야 한다. 동서고금을 막론하고 성공한 사람들은 자신의 꿈을 실현하기 위해 도전한 사람들이다.

학교에서 우등생이 사회에서 반드시 성공하는가? 《천재들의 성적표》란 책에는 "인류의 역사를 움직인 위인 73명 중 우등생은 불과 19명뿐이었다"고 한다. 아인슈타인, 처칠, 키신저 등은 학교에서 열등생이었으며, 에디슨, 노벨, 링컨, 채플린 등은 학교도 제대로 다니지 못했다. 또한 세계 최고의 갑부이며 IT사업으로 성공한 빌 게이츠도 하버드대학교를 중퇴했으며, 미국의 체인마켓 월마트 회장도 고등학교도 나오지 못했고, 영화계의 스필버그 감독은 고등학교 다닐 때 유태인이라고 따돌림을 당한 성적이 형편없는 학생이었다.

그렇지만 이러한 인물들은 청소년 시절에 자신만의 꿈을 갖고 다른 사람들이 걸어간 길이 아닌 자기의 길을 창조적으로 개척한 사람들이다. 이들은 모두 자신이 하고 싶은 일에 일생을 바쳤으며, 인생의 어느 시기에 있어서는 다른 사람들보다도 더 뛰어나지 않으면 안 된다는 신념과 노력으로 냉혹한 현실을 극복해나갔다.

역사상 성공한 사람들은 창의성이 뛰어난 사람들이다. 과학자들은 인간의 창의성이 반드시 지능과 비례하는 것은 아니라고 한다. 누구나 노력하면 창의적인 인간이 될 수 있다는 것이다. 그러나 창조적인 사람은 다양한 각도에서 남과 다르게 문제에 접근하며 다른 사람들이 깨닫지 못하는 사물들의 관계를 파헤치고 연관 짓는 능력을 가진 사람들이다. 이와 같이 성공한 사람들은 타고나는 것이 아니라 만들어지는 것이다.

성공한 사람들을 분석한 결과, 이들은 어렸을 때부터 목표를 향한 도전의식을 갖고 부모의 열렬한 지지를 받았으며, 독서나 여행을 통해 풍부한 경험을 쌓았다. 또한 그들은 자신의 적성과 특기를 창의적으로 계발한 사람들로서 남달리 피나는 노력을 하였으며, 어려움이 생길 때면 고통을 즐기며 극복했다.

이러한 꿈의 실현은 가정이나 학교에서 교육을 통해서 가능하다. 그러나 오늘날 우리 교육은 이상을 실현하는 교육이라기보다는, 남보다 더 좋은 대학을 나와서 남보다 더 출세한 인간으로 만들려는 부모들의 과욕이 자녀들의 꿈을 무시하는 경향이 있다. 이제는 남보다 잘 먹고 잘 살기 위한 공부가 아니라 남과 더불어 살아가고 남을 이롭게 하는 '꿈 너머 꿈'을 실현해야 한다.

그리하여 학교에서 배운 지식과 능력이 개인이나 국가의 장래를 위해서 바람직하게 쓰여져야 한다. 그런데 대학입시를 위해 열심히 공부한 지식이 대학에 들어가고 나면 쓸모없게 된다면 그것은 개인이나 국가의 교육 에너지를 낭비하는 일이다. 그러므로 입시위주의 학교교육을 개선하지 않으면 안 된다.

성공한 사람들은 변화하는 미래사회에 적극적으로 대응한 사람들이다. 성공하기 위해서는 자신의 내부로부터 끊임없는 혁신을 추구하지 않으면 안 된다. 결국 세상엔 힘세고 강한 자가 살아남는 것이 아니라 변화에 잘 적응하는 자가 살아남는다.

교육은 기성세대와 다른 시대를 살아갈 새로운 세대를 위한 것이다. 그러므로 교육은 미래지향적이어야 한다. 미래는 예측할 수 없는 불확실성의 시대이다. 그렇기 때문에 미래를 위한 교육은 기존의 지식 습득과 체험학습뿐만 아니라 잠재능력을 계발하여 창의적으로 새로운 길을 개척할 수 있도록 도와주어야 한다. 그래야만 자신의 꿈을 실현하는 성공한 사람이 될 수 있는 것이다.

인공지능과 로봇 노예시대

지난해 인공지능 '알파고'와 이세돌의 바둑 대결은 우리 사회에 엄청난 충격을 주었다. 그런데 얼마 전 포커 고수들이 인공지능과 게임을 하여 20억 원을 잃었다. 그 외에 TV 퀴즈쇼, 체스, 바둑 등 인간이 잘할 수 있다고 생각한 영역들이 인공지능 기계에 무참히 무너지고 있다.

지금까지 인류는 증기기관의 발명으로 1차 산업혁명이 일어났고, 2차 산업혁명은 전기, 3차 산업혁명은 컴퓨터와 인터넷이었다면, 이제 4차 산업혁명은 인공지능이 될 것이다. 그 중에서도 인공지능을 가진 자동화된 기계가 인간의 노동과 기술을 대체하는 '인공지능 로봇시대'가 다가오고 있다.

로봇은 최근에 나타난 것이 아니다. 로봇의 역사는 기원전 4세기 이집트 알렉산드리아에서 시작된 자동화 기술과 '인간을 닮은 존재'에 대한 연구에서 비롯되었다. '로봇'이란 말은 1921년 체코의 카렐 차펙의 희곡 〈로숨의 유니버설 로봇〉에서 처음 등장했다. 그리고 자동화 기술은 1961년 미국 자동차회사 제너널모터스(GM) 공장에서 처음으로 설치한 유압식 자동기계 팔이다. 이 팔의 개발자 조셉 엥겔버거는 현대 로봇의 아버지로 불린다.

인간은 '도구를 사용하는 존재(Homo Faber)'로 오랫동안 자신과 같은 기계를 만들어 노예로 삼고 싶어 했다. 그런데 2017년 1월 벨기에 브뤼셀에 있는 유럽연합의회에서는 인공지능 로봇을 '전자인간'으로 법적 지위를 부여했다. 인간이 아닌 존재가 주인에게 종속되어 인간을 위해 봉사하는 노예계급이 된 것이다. 그래서 로봇이 경제활동을 할 경우 합법적으로 세금을 걷고, 이를 공익에 쓸 수 있는 제도를 검토하고 있다.

인간은 상상력에 의해 종교, 국가, 화폐, 법, 제도 등을 만들었다. 그런데 과학문명의 발달로 인공지능 로봇을 만들게 되었다. 특히 유전자를 이식하는 '생명 공학', 생명체에 전자칩을 결합시키는 '사이보그 공학', 인공지능을 로봇에 장착시키는 '비유기물 공학'의 발달은 인간의 상상을 초월하는 세상으로 변모하게 될지도 모른다.

미래에는 로봇이 단순한 노동뿐만 아니라 무인 자동차, 드론, 자동번역 기계, 수술 로봇, 탐사 로봇, 재난구조 로봇, 전투 로봇 등 다양한 분야에서 사용될 것이다. 심지어 시각, 청각, 촉각 등의 감각 기능과 언어 능력까지 갖게 되어 정신노동인 교사, 판사, 증시 전문가와 지적 영역인 문학, 음악, 미술 등 다양한 분야에까지 인공지능으로 대체할 수 있게 될 것이다.

인공지능이 첨단기술과 융합하면 현재 있는 직업의 절반 이상이 사라지고, 인공지능 로봇과 대체가 불가능한 직업만 살아남게 된다. 이로 인해 실업자가 증가하고 부의 불균형으로 사회적 불평등이 심각해질 것이다. 그래서 스티븐 호킹 박사는 "인공지능의 발달이 오히려 인류의 미래를 위협한다"고 했다.

그렇기 때문에 인공지능의 기계가 인간의 영역을 침범하지 못하도록 해야 한다. 그런데 인공지능은 비약적으로 발전하여 다방면에서 인간의 능력을 능가하고 있다. 그래서 인공지능의 발달은 '기계를 만든 인간이 도리어 기계가 시키는 대로 하는 세상'이 되어버렸다. 유발 하라리는 "지금의 인류가 기술 혁신에 매달리다가 인간의 마음이 지닌 잠재력을 영영 잃을 위기를 맞았다"고 경고했다.

앞으로 과학기술이 더욱 발달하면 인간처럼 자아를 가진 인공지능 로봇이 지성과 감성을 표현할 수 있게 될 것이다. 그러면 인공지능 로봇이 인간의 명령에 복종하지 않고 반항하며 인간을 해친다면, 인간의 노예가 아닌 괴물이 될 수도 있다. 그렇기 때문에 인공지능 로봇은 인간의 설계대로 움직이므로 오직 '인간의 행복 추구를 위한 기계'가 되어야지, 전쟁이나 살인 등 인간을 위협하는 존재가 되어서는 절대 안 된다.

결국 인공지능 로봇은 '인간을 닮은 존재'로 인간의 뇌 연구를 통해서 이루어질 것이다. 그동안 인간의 뇌는 생존 환경의 변화에 따라 인간답게 살기 위해 진화해왔다. 그러므로 인공지능을 이용한 기계문명이 아무리 발달하더라도 '인간다움'을 상실해서는 안 될 것이다.

눈 먼 돈, 더러운 돈

돈이면 안 되는 일이 없는 것으로 생각하는 사람들이 있다. 그들은 법과 원칙을 무시하고 목적을 달성하기 위해서는 돈으로 모든 것을 해결하려고 한다. 그렇기 때문에 수단과 방법을 가리지 않고 돈을 모으려고 한다.

최근에 세계문화유산이며 세계에서 가장 우수한 문자인 한글 '훈민정음 상주본'이 발견되었는데, 돈에 눈이 먼 배익기 씨가 1000억 원을 요구하며 훈민정음을 벽 속에 숨겨놓았다가 집에 불이 나는 바람에 소중한 문화재가 소실되었다는 보도를 보고 잠이 오지 않았다.

동서고금을 막론하고 사람들은 돈을 벌려고 애를 쓴다. 우스개 이야기로 의사들이 번 돈 중에는 안과 의사가 번 돈을 '눈 먼 돈'이라고 한다. 이비인후과 의사는 '기막힌 돈', 치과 의사는 '이상한 돈', 정신과 의사는 '미친 돈', 내과 의사는 '배 아픈 돈', 외과 의사는 '피 흘린 돈', 피부과 의사는 '더러운 돈'을 번다고 한다.

그러나 의사는 질병을 치료해주고, 생명이 위독한 환자를 구해주는 유익한 일을 하여 번 돈이라 결코 나쁜 돈은 아니다. 이에 비해, 공무원이 인사청탁의 대가로 받은 뇌물이나 정치인이 불법으로 받은 정치자금은 더러운 돈이 아닐 수 없다. 최근에 그 더러운 돈에 연루되어 정치인, 공무원, 장군, 기업인 등이 구속되는 일이 자주 언론에 보도되고 있다.

이러한 까닭은 우리 사회가 능력보다는 혈연, 지연, 학연, 종교연 등 연줄에 의한 부조리한 청탁과 기업체 회장들의 투명하지 못한 기업경영 때문이라고 볼 수 있다. 특히 선거자금을 필요로 하는 정치인들은 정경유착을 통해 불법으로 금품을 받기 때문에 정치인들을 가리켜 "교도소 담 위를 걸어간다"고 하지 않던가?

이와 같이 더러운 돈은 결국에는 탄로가 나게 마련이다. "중국 후한시대에 양진이 동래태수로 있을 때, 왕밀이 금 열 근을 가지고 와서 밤이라 아무도 보는 사람이 없으니 받으라고 했다. 양진은 하늘이 알고, 땅이 알고, 자네가 알고, 내가 아는데, 왜 아는 사람이 없단 말인가?"라고 하며, 뇌물을 받지 않았다.

우리 역사에도 황희, 맹사성 등 청렴한 관리들이 많이 있었다. 그 예로 조선 명종 때 판서를 지낸 박수량의 백비는 청백리의 표상이 되고 있다. 그리고 우리 조상들은 청빈을 미덕으로 알고 살았다. 일사유사(逸士遺事)를 보면, "나이 어린 형제를 키우던 가난한 과부가 우연히 처마 밑에서 금, 은, 보화가 가득 들어있는 가마솥을 발견했다. 이 부인은 노력하지 않고 생긴 재물은 재앙이라고 하여 땅에 묻고 이사를 가버렸다. 그 후 부인은 삯바느질을 하여 두 형제를 훌륭하게 키웠다"고 한다.

이와 같이 우리 조상들은 더러운 재물을 탐내지 않았다. 비록 가난하더라도 "나물 먹고 물마시며 팔을 베고 누웠으니 대장부 살림살이 이만하면 족하리"라고 안분지족하며 살았다.

그러나 황금만능주의가 팽배해지면서 요즘 청소년들 중에는 "만약 10억 원이 생긴다면 감옥에 가도 좋다"고 하는 경우도 있다고 하니, 한국의 미래가 염려스럽기만 하다. 그렇기 때문에 학교교육을 통해서 청렴한 국민을 길러내지 않으면 안 된다. 그리하여 부정부패가 없는 나라를 만들어 후세들이 정직한 사회에서 행복하게 살아갈 수 있도록 해야 한다.

부자로 사는 법

한때 "부자 되세요"라는 인사말이 유행한 적이 있었다. 황금만능주의 세태를 단적으로 보여주는 잘못된 사고방식에서 유행한 말이다. 부자가 어느 날 갑자기 되는 것도 아닌데, 로또복권 당첨되듯 부자 되라고 하면 없는 사람은 어쩌란 말인가?

대개 사람들은 부자가 되면 행복해질 거라고 생각한다. 하긴 부자는 돈에 궁핍하지 않고 물질적으로 풍요롭게 살 수 있어 가난한 사람보다 유리한 점이 많다. 그렇다고 아무나 부자가 되는 것도 아니지만 부자라고 다 행복한 것도 아니다.

최근 잡코리아에서는 부자의 기준을 재산 30억 이상으로 국민자산 상위 20%라고 했다. 그런데 고위공직자 재산공개를 보면 그 많은 돈을 어떻게 벌었는지 궁금할 따름이다. 더구나 경기침체에도 불구하고 고위공직자 10명 중 7명은 전년보다 재산이 평균 2억 원

늘었다고 하니, 그 중에는 부정한 방법으로 부를 축적한 모리배들도 있을 것이다.

돈 없는 서민들이 볼 때는 분통 터지는 이야기이다. 죽어라고 일을 해도 중산층은커녕 워킹푸어인데, 어느 세월에 돈을 모아야 부자가 된단 말인가. 그렇다고 도깨비 같은 돈타령만 하다가 인생 후회할 필요는 없다. 더구나 기업가나 고위공직자 같은 부자들과 비교해서도 안 되지만 그들의 정직한 부를 비난해서도 안 된다.

가난한 나라 사람들이 경제적으로 부유한 국가의 국민들보다 행복지수가 더 높다는 사실을 알아야 한다. 그들은 남과 비교하지 않고 자신만의 미덕으로 행복하게 살아가고 있다. 그런데 오늘날 대한민국은 어떠한가? 자살률, 이혼율, 교통사고 세계 1위에다, 출생률 최하위 등 살기 좋은 나라는 분명 아닌 것 같다. 그러니 이민 가는 사람들이 매년 늘어날 수밖에 없다.

그렇다고 청빈만을 미덕으로 알고 살아서는 안 된다. 어차피 인생은 '공수래 공수거(空手來 空手去)'인데, 알렉산더 대왕이 서른셋의 나이에 죽으면서 "내 죽으면 두 손을 관 밖으로 내놓아라"라고 유언을 했다고, "수의엔 호주머니가 없다"고, "죽어서 재물 가지고 저승 가는 게 아니라"고 가난하게 살 이유는 없다.

따라서 정직하게 돈을 벌고 안분지족할 줄 아는 삶을 살아야 한다. 그러기 위해서는 교육을 통해서 실물경제를 배우고 부자가 되는 방법을 알아야 한다. 부자와 빈자는 돈이 있고 없고가 아니라 삶의 방식 차이일 뿐이다. 그러므로 바람직한 인생의 가치관을 가져야 한다. 로또 당첨자들이 일확천금을 얻고도 얼마 못 가서 돈을 잃고 불행해지는 까닭은 돈이 없어서가 아니라 부자의 지혜를 깨닫지 못했기 때문이다.

부자로 사는 법은 근검 절약하는 생활습관에 있다. 그리고 부자와 빈자의 차이를 보면, ① 부자는 성공을 위해, 빈자는 오락을 위해 시간을 보낸다. ② 부자는 정리정돈을 잘 하고, 빈자는 지저분하다. ③ 부자는 투자에, 빈자는 소비에 관심이 많다. ④ 부자는 책을 읽고, 빈자는 TV나 스마트폰을 본다. ⑤ 부자는 사색하고, 빈자는 시끄럽다.

부자와 빈자의 차이는 재산의 많고 적음보다는 행복을 추구하는 마음가짐에 달려 있다. 이기적인 졸부들은 생전에 다 쓰지도 못할 만큼 많은 재산을 가지고 있으면서도 더 가지려고 욕망의 노예가 되고 있다. 반면에 진정한 부자는 남과 비교하지 않고 자신이 가진 것에 만족하며, 남을 도우며 자신의 삶에 감사하고 행복을 느끼며 산다.

결국 부자와 빈자는 삶의 방식 차이에서 비롯된다. 누구나 부자가 되지 못한 까닭은 부자 되기를 게을리 하기 때문이다. 그러므로 어릴 때부터 부자 되는 법을 가정이나 학교교육을 통해서 가르쳐야 한다. 그리하여 넉넉한 마음으로 나눔과 베풂의 미덕을 실천하며, 다 함께 행복하게 살아가야 할 것이다.

정리하며 살아가기

세상을 살면서 우선적으로 해야 할 일은 정리하며 사는 일이다. 정리를 한다는 것은 자연의 질서이며 인간의 법도이다. 가령 죽음을 앞 둔 사람이 삶을 정리한다거나 이사를 할 경우 물건을 정리하는 것. 그 외에도 집안의 사물, 컴퓨터의 파일, 직장의 물건 등 일상의 삶에서 늘상 해야 하는 일이 정리정돈이다.

정리를 한다는 것은 삶의 군더더기를 버리고 단순하게 사는 일이다. 우리가 물건이나 자료를 급하게 필요할 때 찾지 못한다면 낭패가 아닐 수 없다. 또한 물건이 어디에 있는지 모르고, 있는 물건을 또 산다면 손해가 막심할 것이다. 그런데도 대부분의 사람들은 정리를 게을리하고 있다.

정리는 준비된 삶이다. 정리는 성공의 기회를 만들고 삶의 여유와 행복을 가져온다. 정리된 공간을 보면 누구라도 기분이 좋아진다. 반면에 더럽고 어지러진 공간은 나쁜 기운이 생기며 불운해진다. 그래서 망하는 회사나 가게는 불결하고 정리가 안 되어 있으며, 직원이 불친절하고 위계질서가 없다.

"도둑도 현관에 신발이 정돈된 집은 들어가지 않는다." 정리가 잘 되어 있는 집은 허술하지 않고 안전하게 되어 있어 도둑질을 하기 어렵기 때문이다. 정리를 생활화하면 마음이 안정되고 몸이 편안해진다. 그러므로 그때 그때 정리하는 습관을 길러야 한다. 습관은 66번의 반복적인 행동으로 형성된다. 결국 습관은 인격이 되고 운명이 된다.

정리하는 습관이 없다면 부자가 될 수 없다. 국민소득이 향상되면서 물질적으로 풍요로운 살림살이가 되었다. 그러다보니 물건을 마구 사서 중복되고 불필요한 물건을 집안에 쌓아두고 있다. 수시로 정리를 하게 되면 "내가 왜 이런 쓸데없는 물건을 샀을까?" 하는 반성을 하게 된다. 그리고 물건을 아껴 쓰며 절약하는 생활태도가 길러진다.

정리가 잘 된 집에 살면서 쓸 수 있는 돈이 많은 사람과 온 집안에 많은 물건을 가득 채워 놓았지만 여윳돈이 없는 사람은 누가 더 부자일까? 부자는 필요한 물건을 살 때 비싸더라도 실용적인 물건을 사서 오랫동안 사용한다. 그러나 빈자는 물건이 싸다고 당장 필요하지도 않은 물건을 사서 쌓아두었다가 변질되거나 소용가치가 없으면 버린다. 낭비는 비싼 물건을 산다는 뜻이 아니라 불필요한 물건을 사서 제대로 사용하지 못하는 것을 말한다.

비싼 아파트에 살면서도 정리를 하지 않아 물건을 보관하기 위해 지불하는 비용이 너무 많이 든다. 1m²당 수백만 원이 넘는 아파트에 잡다한 물건을 창고처럼 쌓아둔다면 엄청난 낭비이다. 자기도 모르는 사이에 돈이 새고 있는 것이다.

정리를 잘하는 군인이나 스님은 꼭 필요한 물건만 가지고 있다. 티베트 속담에 "충분히 갖고 있다고 느끼는 사람이 부자"라고 했다. 인간은 물질에 대한 욕망이 끝도 없다. 그러므로 행복한 부자가 되기 위해서는 안분지족할 줄 아는 삶을 살아야 한다. 그러기 위해서는 최소한의 필요한 물건만 소유해야 삶이 여유롭고 만족스러운 것이다.

정리를 잘하면 자신의 일에 집중할 수 있으며 자신의 삶을 성찰하게 된다. 깨끗하게 정돈된 책상에서 공부를 하거나 정리가 잘된 일터에서는 집중력이 높고 효율적이다. 따라서 정리정돈하는 습관을 생활화하자. 그리하여 정리하면서 자신을 성찰하고 안분지족하는 삶을 살아가자.

결국 인간은 죽으면 정리되기 마련이다. 법정 스님의 《버리고 떠나기》와 박경리 소설가의 "버리고 떠나니 홀가분하다"는 말처럼 언젠가 우리는 가진 것 모두 버리고 이 세상을 떠날 테니까 말이다.

적자 생존

적자 생존, "적어야 산다"는 말이 있다. 기록의 중요성을 말한 것이다. 인류가 문화와 문명을 발달시킨 가장 큰 원인 중의 하나가 지식과 경험을 기록으로 남겨 후세에 전할 수 있었기 때문이다. 문자가 없던 선사시대에는 바위나 동굴에 그림을 그려 당대의 삶의 모습을 후세에 전하고자 했다. 그리고 지금도 각종 매체를 통해 기록물을 남기고 있다. 심지어 우주로 보내는 인공위성에도 외계인을 위한 지구인의 정보 중에서 음성, 신호, 기록, 자료 등을 탑재하여 우주 공간에 전파하고 있다.

이처럼 우리는 문자나 음성으로 기록을 남기고 싶어 한다. 특히 작가는 작품을 통해 자기의 사상과 정서를 표현한다. 수필을 쓰는 나 역시, 나의 생각과 감정을 문자로 기록하여 당대나 후세의 독자들이 읽고 공감할 수 있도록 책으로 발간하고 있다. 그리하여 독자들이 내 글을 읽고 감동하여 '김한호'라는 작가를 기억할 수 있기를 기대하는 것이다.

그래서 좋은 작품을 쓰기 위해 참신한 아이디어를 메모한다. "진한 기억력보다 옅은 먹이 낫다"는 말처럼 메모는 나의 기억력을 보완해주는 역할을 한다. 더욱이 나이가 들어감에 따라 건망증이 생기면서 기억력이 쇠퇴해가고 생각이 잘 떠오르지 않는다. 그래서 나는 일상의 일뿐만 아니라 창작 아이디어를 수시로 기록하기 위해 항상 볼펜과 메모지를 호주머니에 넣고 다닌다. 메모를 할 만한 좋은 생각은 대개 잠자기 전이나 산책 중 또는 화장실에서 용변을 볼 때 떠오른다. 옛 문인들이 침상(枕上), 마상(馬上), 측상(廁上)에서 작품을 착상했다는 말이 새삼스럽지가 않다.

그런데 반짝이는 아이디어는 번갯불처럼 갑자기 떠오르기 때문에 그때 그때 적어두지 않으면 까먹기 십상이다. 그렇기 때문에 손쉽게 적을 수 있는 도구가 필요하다. 요즘은 컴퓨터와 인터넷이 발달하여 모바일이나 스마트폰으로 기록할 수 있지만 아무래도 펜이나 볼펜만한 필기구는 없다. 그래서 필기구는 단순히 기록하는 도구에서 호사품으로 진화해가고 있다. 금, 은, 다이아몬드 등 귀금속으로 치장하여 수천 만 원을 호가하는 만년필이 있는가 하면, 몽블랑, 워터맨, 파카 등 세계적인 명품 브랜드는 전자책 시대에도 호사가들의 애장품으로 각광을 받고 있다.

메모뿐만 아니라 기록을 하기 위해서는 필기구가 중요하다. 그래서 옛 선비들은 문방사우(文房四友)를 소중히 여겼다. 붓, 종이, 벼

루, 먹을 서재에 두고 좋은 생각이 떠오를 때마다 글을 썼다. 나도 글을 쓸 때는 몽블랑 수성펜으로 개요를 작성하고, 컴퓨터 워드프로세스로 작품을 창작한다. 하지만 쓰고, 고치고, 또 쓰면서 자신의 무능함보다는 '선무당 장구 나무라듯' 필기구를 탓할 때가 있다.

그래서 필기구에 대해 관심을 갖게 되어 40여 년 전부터 볼펜을 모으기 시작하여 지금은 볼펜 수집광이 되어버렸다. 그동안 모은 볼펜들은 대개 내가 애용했던 볼펜이거나 기념 볼펜 또는 세계 여행을 다니면서 구입한 볼펜 등이 있는데, 이들 중에서 독특한 볼펜을 가려 뽑아 전시회를 두 번이나 열었다. 볼펜을 수집한 까닭은 언젠가는 손으로 쓰는 필기구가 사라지고, 기기로 문자를 입력하는 시대에는 지금처럼 흔한 필기구가 귀한 유물이 될 것이라고 생각했기 때문이다.

필기구는 역사적으로 다양하게 변천해왔다. 동양에서는 중국의 진시왕 때 몽염이 처음으로 붓을 발명하여 지금까지 사용하고 있다. 서양에서는 수천 년 동안 갈대의 줄기나 새의 깃털로 펜을 만들어 잉크를 묻혀 쓰기 시작했다. 새의 깃털 중 거위, 백조, 펠리컨의 날개깃을 주로 사용했으며, 특히 수컷 거위의 좌측 날개깃을 선호했다. 그러다가 1780년 영국의 해리슨이 강철제 펜을 만들어 사용했으며, 1884년에 만년필이 만들어졌다. 그 후 1938년 헝가리 신문기자 라슬로 비로가 볼펜을 발명하였다.

최근 들어, 디스플레이 화면 위에서 글씨 쓰듯이 메모를 하고 그림을 그릴 수 있는 전자펜이 발명되었다. 또 펜으로 쓴 메모장의 내용이 그대로 PC나 휴대전화로 전송되는 아노트 펜이 개발되었다. 이와 같이 인쇄술의 발달과 함께 다양한 필기구의 발달은 인간의 기억을 확장시켜줌으로써 훌륭한 기록물을 많이 생산하여 인류 문화의 발전을 가져오게 되었다.

그런데 글을 쓰는 작가는 필기구의 영향을 많이 받는다. 아직도 일부 작가 중에는 컴퓨터를 사용하지 않고, 만년필이나 볼펜으로 작품을 창작한다. 이들은 필기구로 꾹꾹 눌러 쓴 글이라야 영혼이 담긴 글이라고 한다. 하긴 작가가 밤을 새워가며 원고지에 한 자 한 자 적는 일은 영혼을 옮기는 일처럼 힘든 작업일 것이다. 그렇기 때문에 어떤 작가는 책 한 권을 쓰기 위해서 원고지를 책상 높이만큼이나 버렸다는 일화도 있다.

글을 쓰는 것은 자신의 내면 깊숙이 간직된 언어를 문자 매체를 통해 상대방과 대화를 나누는 일이다. 글은 말처럼 일시적인 것이 아니라 오랫동안 간직할 수 있으므로 신중히 쓸 수밖에 없다. 그래서 필기구로 직접 쓴 편지 글이나 사랑의 연서는 전화로 말하는 것보다도 여섯 배나 더 큰 효과가 있다고 한다. 그러므로 필적이 제각기 다른 손 글씨는 마음으로 전해지기 때문에 고마움을 표하거나 사랑을 전할 때 진한 감동을 줄 수 있다. 그렇기 때문에 전자책과 전자 기기 시대에도 진실된 마음을 전하고 싶을 때는 직접 써 보내는 게 좋다.

"펜은 칼보다 강하다." 글은 어떠한 무력보다도 강한 영향력을 가지고 있다. 그러므로 작가는 투철한 사명의식을 가지고 글을 써야 한다. 작가는 독자들을 감동시킬 수 있는 좋은 작품을 창작하기 위해서는 영혼을 바쳐서 글을 써야 한다. 특히 자기가 쓴 글을 읽고 스스로 감동하지 못한다면 독자들을 감동시킬 수 없다. 따라서 독자들이 읽고 공감할 수 있는 좋은 글을 쓰기 위해서는 적자 생존이 중요한 것이다.

제4장

행복하게 살기 위해서는

사람들은 돈이나 권력, 명예를 얻으면 행복해질 거라고 생각한다. 그러나 행복은 남을 돕고 베푸는 선행과 삶의 보람에서 오는 자기 만족이다.

우리는 행복한 삶을 위하여 자주 웃어야 한다. 웃는 얼굴이 건강과 성공, 행복을 위해서 필요하다는 것을 인식하고, 화를 내지 말고 서로 용서하며 살아가야 한다.

행복한 삶을 위하여

최근 사회가 불안하고 경기침체로 생활이 어려워지자 행복하지 않다고 생각하는 사람들이 많아졌다. 이는 경제적으로 예전보다 더 잘 살고 있지만 상대적 박탈감이 심화되어 남과 비교하여 불행하다고 느끼는 것이다. 그러나 행복은 사람마다 제각기 다르겠지만 남들보다 내가 나으면 행복하고, 남들보다 내가 못하면 불행하다는 비교에서 오는 행복이라면 그것은 진정한 행복이 아니다.

대개 사람들은 돈이나 권력, 명예를 얻으면 좀 더 행복해질 거라고 생각한다. 그러나 이들은 행복의 조건은 될 수 있어도 행복 그 자체는 아니다. 왜냐하면 행복은 소유욕이나 성취욕과 같이 결코 욕망만으로 채울 수는 없기 때문이다. 아무리 많은 돈이나 권력, 명예를 가졌다고 하더라도 불행하게 사는 사람들도 있게 마련이다.

《행복론》의 저자들은 행복한 삶을 위한 방법으로 다양한 의견을 제시하고 있지만 지금까지 "행복은 이런 것이다"라고 단정 지어 말할 수는 없다. 대체로 행복의 조건으로 인간관계, 돈, 건강, 심성 등을 들고 있으나 이런 것을 완벽하게 갖추기도 어려울 뿐만 아니라 설령 다 갖추었다고 해도 사람마다 다르게 느낄 수도 있다.

행복은 자신의 욕망을 충족하기 위한 것이 아니라, 남을 돕고 베푸는 선행 속에 즐거움과 만족에서 오는 삶의 기쁨이며, 자신의 삶에 대한 자기 만족이다. 세상의 모든 것을 다 얻는다 할지라도 자기 스스로 행복을 느끼지 못한다면 행복한 삶이라고 할 수 없다.

행복과 불행은 전염된다. 내 가족과 내 이웃과 내 주변 사람들이 행복하면 나도 행복해진다. 반면에 내 주변 사람들 중에서 불행한 일이 생기면 내 일 같이 불행하게 느껴진다. 국가나 사회 그리고 주변 사람들이 불행한데, 나 혼자만 행복할 수는 없다. 나의 행복은 남과 더불어 살아가는 삶 속에 있는 것이다.

톨스토이는 〈세 가지 질문〉이라는 글에서 그의 행복론을 제시하고 있다. "이 세상에서 가장 중요한 때는 바로 지금이고, 가장 필요한 사람은 바로 지금 만나는 사람이며, 이 세상에서 가장 중요한 일은 바로 지금 내 옆에 있는 사람에게 선을 행하는 일이다"라고 했다. 따라서 우리는 행복한 삶을 위하여 다 함께 노력해야 한다.

광주지하철 '금남로 5가역'에는 〈행복한 삶을 위하여〉라는 내 글이 게시되어 있다.

"우리는 행복의 파랑새가 멀리 있는 것이 아니라 자기 자신의 삶 속에 있다는 것을 깨달아야 한다. 찾기 어려운 네잎 클로버의 꽃말은 행운이지만 쉽게 찾을 수 있는 세잎 클로버의 꽃말은 행복이다. 평범한 삶 속에 자기를 사랑하고, 자신의 삶에 기쁨과 만족을 느낄 때 행복해질 수 있는 것이다. 그러므로 우리는 늘 행복할 수는 없겠지만 최대한으로 행복을 느끼고 사는 방법은 자기를 남과 비교하지 말고, 자신의 일에 최선을 다하며, 원만한 인간관계를 형성하여 남을 돕거나 베풀면서, 매사에 만족하고 감사하며 사는 일일 것이다."

아홉 빛깔의 감정

감정은 인간이 느끼는 마음이다. 과학자들은 사람이 하루에 6천 가지의 생각을 하며, 즐거움, 사랑, 희망, 슬픔, 분노, 질투, 역겨움, 두려움, 죄책감의 아홉 빛깔의 감정을 느낀다고 한다. 이러한 감정의 표현은 얼굴 표정과 말로 나타난다.

우리가 느끼는 감정이나 행동은 지혜나 경험, 습관에서 비롯된 생각들이다. 이러한 생각들은 감정과 행동을 만드는 원인이 된다. 그래서 감정과 행동은 생각에 따라 시시각각으로 얼굴 표정과 말을 통해 표현된다.

얼굴은 그 사람의 생각과 아홉 빛깔의 감정을 드러내는 내면의 거울이다. 아홉 빛깔의 감정은 얼굴 표정과 눈빛에서 나타나기 때문에 얼굴 표정과 눈빛은 마음의 언어이다. 그래서 얼굴 표정에는 그 사람이 살아온 삶의 흔적과 더불어 마음 상태까지도 나타난다.

얼굴 생김새는 타고난 것이지만 얼굴 표정은 자신의 생각이나 감정을 남에게 전달하기 위한 것이다. 그렇기 때문에 얼굴 표정을 밝고 부드럽게 해야 한다. 대개 사람들은 상대방의 얼굴 표정과 눈빛을 보고 그 사람의 마음 상태를 파악한다. 그리고 말을 통해 그 사람의 인품을 판단한다.

우리는 일상생활 중에 만나는 사람들과 부딪히는 일에서 말로 인해 마음에 상처를 받는 경우가 있다. 그 말의 씨가 마음밭에 싹이 터서 영혼을 아프게 하고 아홉 빛깔의 감정으로 나타난다.

그 중에서 분노와 질투는 자기 자신뿐만 아니라 남에게도 피해를 준다. 그리고 슬픔, 죄책감, 역겨움, 두려움은 불행한 감정들이다. 인간은 탐욕과 이기심으로 남을 미워하고 화를 내며 자신의 행복을 잃어가고 있다. 그러므로 남을 미워하거나 화를 내는 일은 자신뿐만 아니라 남에게도 상처를 주는 좋지 못한 감정들이다.

이러한 감정들은 타자와 관계되는 감정들로 마음에 고통을 주며 상처를 남긴다. 그러나 사람들 때문에 상처 받고 고통 받는다고 할지라도 결국 그 상처를 치유할 수 있는 것은 사람들의 따뜻한 사랑이다. 아홉 빛깔의 감정 중 사랑, 희망, 즐거움은 아름다운 꽃과 같다.

우리는 자연의 아름다운 꽃을 보면 마음이 행복해진다. 그런데 바람에 흔들리는 꽃을 가만히 바라보면 그들도 햇살 가득한 하늘을 향해 몸부림치고 있는 듯하다. 아름다운 꽃들이 흔들리며 꽃을 피우듯이, 우리들도 상처 받고 얼룩진 아홉 빛깔의 감정을 승화시켜 아름다운 모습으로 살아가야 한다.

우리는 이 세상을 혼자서는 살 수 없기 때문에 어쩔 수 없이 서로 부대끼며 살아간다. 하지만 살만한 가치가 있는 세상이다. 우주에는 태양과 같은 별이 2000억에서 4000억 개나 있는 은하계가 1천억 개 이상이나 있다. 그러므로 우주에는 지구와 같은 행성이 셀 수 없이 많이 있다. 이처럼 광대무변한 우주 속에서 '나'라는 인간은 티끌같이 보잘것없는 존재이지만, 아홉 빛깔의 감정을 표현할 줄 아는 위대한 존재이다.

그러므로 우리는 어떤 생각을 갖고 어떻게 감정을 표현하느냐에 따라 인생이 달라질 수 있다. 꽃은 꽃끼리 어울려야 씨앗을 맺을 수 있듯이, 사람들도 사랑하는 마음으로 더불어 살아가야 행복한 삶을 살 수 있다. 오늘도 아홉 빛깔의 감정 중 어떤 빛깔과 모양으로 향기롭고 아름다운 모습으로 살아갈 것인가를 생각해봐야 할 것이다.

화가 날 때 웃어라

최근 들어 우리 사회가 웃음이 사라져가고 있다. 각종 재난과 범죄로 사회가 불안하고, 경기침체로 생활이 어려워지자 우리 국민들이 우울해지고 있다. 게다가 경쟁은 치열하고 삶의 질은 나아지지 않아 가정이나 직장에서 화를 내며 안절부절못하고 살아가는 사람들이 많아졌다.

하지만 지금보다 가난하고 살기 어려운 옛날에도 우리 조상들은 해학과 풍자로 웃음으로 눈물을 닦으며 살았다. 그 중에서도 신라인의 미소가 새겨진 와당과 하회탈은 모나리자의 미소보다도 더 은근한 멋을 느낄 수가 있다. 그뿐만 아니라 마당놀이의 재치 있고 익살스러운 농지거리는 절로 웃음이 난다.

80살을 산 노인이 자신의 인생을 되돌아보니, 잠자는데 26년, 일하는데 21년, 밥 먹는데 6년, 사람을 기다리는데 6년을 보냈지만,

웃는 데는 22시간 3분밖에 쓰지 못했다는 통계가 있다. 웃을 일이 없어서가 아니라 웃지 않고 살았기 때문이다.

"한 번 웃으면 한 번 젊어진다.(一笑一少)" 불로장생을 바라던 진시황이나 알렉산더, 칭기즈칸, 나폴레옹 같은 영웅들도 이걸 몰랐을 것이다. 그래서 알렉산더는 33살에 죽고, 진시황은 49살에, 칭기즈칸은 65살에, 나폴레옹은 52살에 죽었다. 세계의 정복자들도 웃음이 부족하여 장수하지 못한 모양이다. 그나마 칭기즈칸이 가장 많이 웃었던 셈이다.

우리 옆집 할머니는 90살이 넘었는데, 이도 없는 입을 한 바가지나 벌리고 웃는다. 내가 보면 웃을 일도 없는데, 그냥 웃는다. "왜 사냐건 / 웃지요"라고 한 시인처럼 말이다. 그런데 뭐가 그리 중요하고 바쁜 일이 많다고, 화를 벌컥 벌컥 내고 빨리 빨리 살아야 한단 말인가.

성경을 수천 번 읽은 이에게 가장 기억에 남는 말이 무엇이냐고 물으니, "헛되도다. 모든 것은 다 지나간다"라는 구절이었다고 한다. 금강경의 마지막 구절에도 "모든 것은 내 마음에 있는 것으로 마음 밖에는 아무것도 존재하지 않는다"라고 했다. 그런데도 우리들은 부와 명예를 얻기 위해 일과 시간에 쫓기는 노예가 되고, 욕망을 충족하기 위해 화를 내고 스트레스를 받으며 자신의 행복을 잃어가고 있다.

더욱이 우리 사회는 치열한 경쟁의식과 사회 양극화로 상대적 박탈감이 커지면서 관용과 배려의 미덕은 찾아볼 수 없고, 비난과 분노가 난무하며 상대방의 잘못을 용서하지 못하고 화를 내는 사람을 볼 수 있다. 그러나 화를 내는 일은 자신뿐만 아니라 남에게도 상처를 주는 일이다. 그러므로 가정이나 직장에서 불화를 일으키는 언행은 우리들의 행복을 깨뜨리는 일이므로 아무리 사소한 일일지라도 화를 내지 말고, 서로 갈등을 해소할 수 있도록 노력해야 한다.

법구경에 "성 안 내는 그 얼굴이 참다운 공양구요, 부드러운 말 한 마디 미묘한 향이로다"라는 말이 있다. 화를 내지 않고 부드러운 말을 할 수 있다는 것은 결코 쉬운 일이 아니다. 그러나 인격이 성숙한 사람은 화가 날 때 화를 내지 않고 웃는다고 한다. 그러므로 화가 날 때 자신을 깨달을 수 있는 시간을 가져야 한다. 그 중의 하나가 명상이다. 화가 나면 조용히 눈을 감고 지금 이 순간에 일어나고 있는 일을 생각해봐야 한다.

그리고 화가 날 때 참고, 그냥 한 번 웃어보자.

웃는 얼굴이 행복하다

한국 사람들은 잘 웃지 않는다. 한국 사람들이 잘 웃지 않는 것은 유교문화의 영향으로 웃음이 헤픈 사람은 점잖지 못한 사람으로 여기기 때문이다. 그래서 외국 사람들이 한국 사람들의 얼굴 표정을 보고 악어와 같다고 했다. 얼마나 얼굴 표정이 무뚝뚝하면 험상궂은 악어에 비유했을까?

얼굴은 '얼의 꼴'로 그 사람의 정신세계를 나타내는 내면의 그림자이다. 또한 얼굴은 그 사람이 살아온 삶의 자취와 더불어 건강상태까지도 드러난다. 그렇기 때문에 얼굴은 그 사람의 살아가는 이력서이다. 그래서 링컨은 "나이 마흔이면 자신의 얼굴에 책임을 져야 한다"고 말했다.

얼굴은 부모의 유전자를 타고난 것이기 때문에 성형수술을 하지 않는 한 바꿀 수는 없다. 그렇지만 얼굴 표정은 자신의 감정을 표출하는 것이므로 마음대로 바꿀 수가 있다. 그래서 얼굴은 자신의 것이지만 얼굴 표정은 자신의 생각이나 감정을 남에게 전달하는 것이기 때문에 자신을 위한 것이 아니라 남을 위한 것이다.

그러므로 우리는 얼굴 표정을 잘 관리해야 한다. 대개 사람들은 처음 보는 상대방의 얼굴 표정을 보고 그 사람을 판단한다. 사람의 얼굴은 0.13초라는 짧은 시간에 눈을 중심으로 역삼각형으로 코와 입의 표정을 보고 호감과 비호감으로 구분하게 된다. 그래서 잘 생긴 사람을 보면 기분이 좋아지고 긍정적인 감정이 생기게 된다.

반면에 비호감으로 불쾌감을 주는 인상도 있다. 매사에 부정적으로 불평 불만을 하며 금세라도 험상궂은 표정으로 화를 내고 대들 것만 같은 사람도 있다. 그런 사람과 함께 있으면 나쁜 기운이 전염되어 정서적으로 불안해진다. 그래서 부정적인 사람이 많을수록 행복한 사회가 될 수 없다.

얼굴은 정신과 몸의 에너지가 함께 어우러져 만들어진 것으로 웃는 얼굴은 생기가 있고 아름답다. 그래서 성공하는 사람은 남다른 얼굴 이미지를 가지고 있다. 그러므로 자신이 하는 일과 사랑에서 성공하고 싶다면 자신의 얼굴을 호감이 가는 좋은 인상으로 만들어야 한다. 단순히 잘 생긴 외모보다는 호감을 주면서 운이 따르는 인상을 만들어야 한다. 남에게 호감을 주는 인상은 긍정적인 이미지를 불러일으키고 대인관계나 성공에 좋은 영향을 미치게 된다.

따라서 좋은 인상을 갖기 위해서는 항상 밝고 온화하게 미소 짓는 얼굴로 남에게 선행을 베풀어야 한다. 웃으면 얼굴 표정이 밝아지고 정신세계가 안정되어 정신과 몸의 에너지가 충만하게 되면서 행복감을 느끼게 된다. 또한 웃음과 행복은 상대방에게 전염된다. 내가 웃으면 남도 웃게 되고, 내가 행복하면 가족이나 가까운 사람들도 행복해진다. 그러므로 행복하기 때문에 웃는 것이 아니라 웃기 때문에 행복해지는 것과 마찬가지이다.

사람들은 누구나 아름다운 얼굴로 행복하게 살기를 원한다. 행복은 남과 더불어 살아가면서 즐거움과 만족에서 오는 삶의 기쁨이다. 그러므로 우리는 행복한 삶을 위하여 자주 웃어야 한다. 웃는 얼굴이 건강과 성공 그리고 행복을 위해서 필요하다는 것을 인식하고 가정이나 직장에서 웃음꽃을 피우기 위해 노력해야 한다.

로또복권과 행복

지난 1월, 세계 복권 사상 1조 9200억 원이라는 최고의 당첨금이 걸린 미국 파워볼 1등 당첨자가 3명 나왔다. 그 중에서 테네시주에 사는 존 로빈스 씨는 당첨금 3973억 원을 어린이 연구병원과 교회에 기부하겠다고 했다. 그리고 예전처럼 하던 일을 그대로 하겠다고 한다.

한국에서도 2002년 12월에 로또복권이 출시된 이후, 지금까지 많은 사람들이 부자가 되기 위해 복권을 사고 있다. 그 중에는 2003년 4월 12일에 당첨된 한 경찰관이 407억 2000만 원을 최고로 받은 적이 있는데, 그는 직장을 버리고 미국으로 이민을 가버렸다.

로또복권 1등에 당첨될 확률은 814만 분의 1이라고 한다. 벼락 맞을 확률이 119만 분의 1이라고 하니, 로또복권 1등은 대단한 행운이 아닐 수 없다. 그런데 1등 당첨자 중에는 “왜 이렇게 당첨금이

적냐?"고 불평을 하는 사람도 있다고 한다. 그러면서 불우이웃돕기에는 아예 기부를 하지 않는 사람이 많다고 한다.

그런데 로또복권이 생기고 나서 일확천금을 노리는 사람들이 많아졌다. 그래서 인생 역전을 꿈꾸며 복권을 사기 위해 카드빚을 지고 신용불량자가 된 사람도 있다. 게다가 당첨금을 더 가지려고 다투다가 이혼한 부부도 있으며, 당첨금뿐만 아니라 전 재산을 모두 탕진하고 자살한 사람도 있다.

이렇게 사람들이 돈에 집착한 까닭은 돈만 있으면 모든 것을 다 해결할 수 있다고 생각하기 때문이다. 그래서 로또복권에 미련을 갖고, 일생에 한 번 찾아올지도 모를 행운을 놓치고 싶지 않아 매주 복권을 산다고 한다. 하지만 거액의 복권에 당첨된 사람들 중에는 행복해진 사람도 있겠지만, 그보다는 파산이나 이혼, 범죄, 자살 등으로 불행해진 사람들이 더 많다.

대개 사람들은 돈이 많으면 행복해질 거라고 생각한다. 그러나 돈이 없으면 불편할지는 몰라도 결코 불행하지는 않다. 먹고 살 정도가 되면 그 이상 돈이 많다고 행복한 것은 아니다. 국가도 마찬가지이다. 국민소득과 행복지수는 반드시 비례하지 않기 때문이다.

행복은 서로 돕고 베풀면서 더불어 살아가는 인간관계 속에 이루어진다. 로또복권 1등에 당첨되어 벼락부자가 되었으면서도 이에 만족하지 못하고, 더구나 어려운 이웃을 위해 기부금 한 푼 내지 않은 사람이 행복한 삶을 살 수 있겠는가? 세계적으로 복권에 당첨된 사람들이 불행하게 된 경우가 많고, 행복한 삶을 살지 못한 까닭은 자기밖에 모르는 이기적인 인간이기 때문이다.

행복이란 욕망을 충족하는 데 있는 것이 아니라 남을 돕고 베푸는 만족과 기쁨에서 오는 것이다. 그렇기 때문에 행복은 결코 돈으로만 살 수는 없다. 오히려 돈보다도 행복은 사랑, 화목, 봉사, 건강, 인간관계와 같은 이타적인 선행에서 오는 것이다. 왜냐하면 선행은 자기 만족이며 삶의 기쁨이기 때문이다.

돈은 윤택한 삶을 살아가기 위한 수단일지는 몰라도 결코 인생의 목표나 행복의 조건은 될 수 없다. 그러므로 죽을 때 가지고 갈 수 없는 돈에 대해 지나친 애착을 가져서는 안 된다. 다만 우리는 남과 더불어 행복한 삶을 살아갈 수 있도록 가진 돈을 얼마나 가치 있게 쓰느냐가 중요하다.

미국 파워볼 1등 당첨자인 존 로빈스 씨와 같은 사람이 우리나라에도 있다면, 참 좋겠다.

나눔과 베풂의 기부

최근에 사우디아라비아 알왈리드 왕자가 개인 재산 36조 원을 기부하겠다고 하여 화제가 되고 있다. 이슬람교에서는 '자카트(zakat)'라고 하여 자신의 소득 중 일부를 사회에 기부하여 경제적 약자를 돕는 관습이 있다. 불교, 천주교, 기독교 등 여러 종교 단체에서도 봉사와 기부를 통해서 불우한 사람들과 소외된 이웃을 돕는 미덕이 있다.

한편 개인적으로 불우한 사람들을 돕거나 사회에 기부하여 자선사업을 하는 사람들도 많다. 거액을 기부하여 자선사업을 한 록펠러와 카네기는 부의 사회 환원을 통해 미국사회를 복지국가로 건설하는 데 도움을 주었다. 최근 들어 세계 최고의 부자인 빌 게이츠와 투자의 달인 워런 버핏은 많은 재산을 사회에 기부했다. 이들의 영향으로 미국사회에서는 자신의 재산을 기부하려는 사람들이 많아졌다.

우리나라에서도 제주도 출신 기생 김만덕이나 경주 최씨 집안의 기부 미담이 전해오고 있다. 또한 가수 김장훈이나 배우 문근영, 피겨여왕 김연아는 기부 천사로 알려져 있다. 이 외에도 평생 모은 문화재나 귀중한 자료와 물건 등을 국가에 기부하거나, 김밥을 팔아 번 돈을 대학에 기부한 김밥할머니를 비롯하여, 20여 년간 리어카를 끌며 파지를 모아 판 돈을 지체장애인들에게 전달한 훈훈한 이야기도 있다. 이와 같이 우리 주위에는 많은 사람들이 기부를 통해 남을 돕는 선행을 베풀고 있다.

예로부터 우리 국민들은 천재지변이나 재난이 발생하면 너나없이 불우한 이웃을 돕기 위해 십시일반으로 성금을 냈다. 이는 비록 가난하지만 서로 따뜻하게 정을 나누며 살았던 우리 민족의 정겨운 삶의 모습이다. 그런데 최근 들어 사회가 각박해지면서 예전의 아름다운 미덕이 차츰 사라져가고 있다.

더욱이 대기업가나 재산이 많은 사회 지도층, 고위 공직자뿐만 아니라 일반 국민들 중에는 기부에 인색한 사람들이 많다. 나만 잘 먹고 잘 살면 된다는 생각이 팽배해지고 있다. 그러나 이제 우리는 '노블리스 오블리제'의 성숙된 선진사회를 만들기 위해 더불어 사는 나눔과 베풂의 기부문화를 정착시킬 수 있도록 남보다 더 가진 사람들이 솔선수범해야 한다.

하지만 나눔과 베풂의 기부는 빌 게이츠나 위런 버핏 같은 억만장자나 가진 자만이 누릴 수 있는 특권이 아니다. 그것은 누구라도 할 수 있는 가장 아름다운 미덕이다. 더구나 평생 힘들여 모은 재산을 자식에게 물려주지 않고, 불우한 사람들을 위해 남기고 떠나는 사람이야말로 얼마나 아름다운 인생인가!

게다가 남에게 선행을 베풀면 자신도 행복해진다. 거액 기부의 효시인 록펠러는 53살에 세계 최대의 갑부가 되었으나 55살 때 불치병에 걸려 1년 이상 살지 못한다는 의사의 통보를 받았을 때, 그의 어머니는 록펠러에게 자선사업을 하도록 권했다. 그는 사회복지를 위해 그의 재산을 기부하면서 스스로 만족하고 행복을 느끼게 되었다. 그 결과 록펠러는 98살까지 행복하게 살았다.

우리 모두는 시한부 인생이다. 더욱이 인생은 '빈손으로 왔다가 빈손으로 간다.(空手來 空手去)' 그러므로 우리는 세상을 떠나는 그날까지 자기가 가진 것을 얼마나 가치 있게 쓰느냐가 중요하다. 결국 우리가 가지고 떠날 것은 하나도 없다. 다만 무엇을 남기고 갈 것인가에 대해 생각해야 한다.

어머니의 사랑

어느 날 신이 천사에게 지상에서 가장 아름다운 것 세 가지를 찾아오라고 했다. 천사는 지상으로 내려왔다. 그는 지상에서 아름다운 것 세 가지를 골랐다. 하나는 예쁜 꽃이었다. 또 하나는 어린애 웃음이었다. 그리고 하나는 어머니의 사랑이었다.

천사는 예쁜 꽃과 어린애의 웃음과 어머니의 사랑을 가지고 지상에서 하늘로 올라갔다. 천국을 가는데 시간이 많이 걸렸다. 천사는 지상에서 가장 아름다운 것 세 가지를 신 앞에 내어놓았다.

예쁜 꽃은 이미 시들어버렸고, 어린애의 웃음도 아름다운 모습을 잃어버렸다. 그러나 한결같이 변하지 않는 것은 어머니의 사랑이었다. 신은 지상에서 가장 아름다운 것으로 어머니의 사랑을 선택했다.

그렇다! 어머니의 사랑만큼 이 세상에서 변치 않는 아름다운 것은 없다. 어머니의 사랑은 끝없이 주는 사랑이다. 《부모 은중경》을 보면, "어머니는 아기를 낳을 때마다 서 말 석 되의 피를 흘리고, 아기를 기르면서 여덟 섬 너 말의 젖을 먹인다"고 한다. 그래서 어머니의 뼈는 검고 가볍다고 했다.

역사를 통해서 보더라도 훌륭한 인물들은 반드시 위대한 어머니가 있었다. 이러한 어머니들은 자식을 사랑하기 때문에 온갖 정성을 다하여 기르고 자신을 희생해가면서 가르쳤다. 그러므로 어머니의 사랑은 인간을 인간답게 만드는 놀라운 힘이요, 위대한 빛이다.

사회가 급변하고 인정이 메말라가는 현대사회에서 무엇보다 필요한 것은 어머니의 사랑이다. 그런데 어머니가 없는 가정이 늘어남으로써 심각한 사회문제가 되고 있다. 부모의 이혼이나 직장생활 때문에 아이들은 부모와 함께 지낼 시간이 없어 어머니의 따뜻한 정이나 정서적인 유대감을 느끼지 못하고 성장한다. 그래서 어머니의 부재가 모성 결핍의 범죄를 낳는다고 한다.

5월은 가정의 달이다. 가정은 부모와 자녀가 만나는 보금자리이다. 또한 모든 교육의 출발은 가정교육에서 시작된다. 가정교육은 부모가 자녀와 함께 가정에서 많은 대화를 나눔으로써 이루어지는 것이다. 학교가 끝나자마자 과외학원에 보내고, 스마트폰에 매달려 사는 아이들은 부모로부터 올바른 가정교육을 배울 수가 없다.

게다가 핵가족화되면서 자기 자식을 과잉보호하는 어머니들 때문에 버릇없는 아이들이 많아졌다. 어른을 공경할 줄 모르고 남을 배려할 모르는 이기적인 인간이 되어가고 있다. 이는 부모가 인성교육을 소홀히 한 채 공부만을 강요하며 치열한 입시 경쟁 속에 자녀를 내몰기 때문이다. 그러나 자녀에게 필요한 덕목은 '지식'보다는 '사랑할 줄 아는 마음'이다.

한국인들이 선정한 가장 아름다운 우리말은 '사랑'이라고 한다. 아기에게 제일 먼저 가르쳐주고 싶은 단어도 사랑이다. 또한 죽음을 앞둔 사람이 가장 후회하는 일은 가족이나 사랑하는 사람에게 사랑을 더 베풀지 못한 것이라고 한다. 이처럼 사랑은 이 세상에서 가장 소중한 것이다.

그런데 잘못된 가치관을 가진 일부 어머니들 때문에 '어머니의 사랑'이 변질되고 있다. 이는 "세상이 오염되면 어머니가 오염되고, 어머니가 오염되면 자녀가 병든다"는 말처럼 가정에서 어머니의 역할이 더욱 중요한 시대가 되고 있다.

친구가 좋다

“친한 친구가 많아야 장수한다.”는 연구결과에 따라 친구의 소중함이 새삼 강조되고 있다. 장수의 요건 중에 돈과 건강 그리고 친구가 반드시 있어야 한다고 한다. 특히 친한 친구의 수가 많을수록 더 오래 산다고 하니, 인간관계에서 친구만큼이나 필요한 존재도 없는가 보다.

인간은 혼자서는 살 수 없는 사회적 동물이기 때문에 인간관계가 무엇보다 중요하다. 그 중에서도 친구는 자신의 자화상 같은 존재로 소통과 공감이 가장 잘 되는 인간관계이다. 그러므로 좋은 친구가 많은 사람일수록 성공하고 행복한 삶을 살 수 있는 것이다.

인간관계는 서로 협동하는 더불어 사는 세상이다. 개미나 꿀벌, 들소나 원숭이 같은 동물들은 군집생활을 하지만 인간과 같이 창의적으로 협동하지 못한다. 그러나 인간은 다른 동물과는 달리 언어를 만들어 의사소통을 하고, 상상력을 통해 제도를 만들어 서로 협동할 수 있었기 때문에 만물의 영장이 될 수 있었다.

그런데 사회의 변화에 따라 개인주의가 팽배해지면서 인간관계도 이기적으로 변해가고 있다. 그럴수록 학연이나 지연, 종교연관계가 아니더라도 좋은 친구를 많이 사귀어야 한다. 친구는 동년배뿐만 아니라 자기와 마음이 통하는 누구라도 가능하다. 이웃사람이나 직장 동료, 남녀 사이에도 친구가 될 수 있다.

예로부터 친구의 소중함을 일컫는 고사성어가 많이 있다. 그 중에는 어릴 때부터 같이 자란 죽마고우(竹馬故友)가 있고, 서로를 거역하지 않는 막역지우(莫逆之友)가 있으며, 친구 대신 목을 내주어도 좋을 문경지우(刎頸之友)가 있다. 또한 관중과 포숙처럼 의리 있는 관포지교(管鮑之交)가 있고, 고기와 물의 관계처럼 뗄 수 없는 수어지교(水魚之交)가 있으며, 향기로운 지초와 난초 같은 지란지교(芝蘭之交) 등이 있다.

이러한 우정에 관한 유명한 일화로 추사 김정희의 세한도(歲寒圖)가 있다. 세한도는 추사가 제주도에 귀양 중인 1844년 제자 이상적에게 감사의 뜻으로 그려준 국보 180호의 그림이다. 추사는 제자인 역관 이상적이 중국에서 구해온 청나라 서적 '황조경세문편(皇朝經世文編)'을 제주도 유배지로 보내주자, 그 답례로 "날씨가 추워진 후에 소나무와 잣나무가 나중에 시듦을 안다(歲寒然後知松柏之後彫也)"라고 써주었다. 그리고 '오래도록 서로 잊지 말자'는 '장무상망(長毋想忘)'이라는 낙관을 찍어주었다.

널리 알려진 영국의 처칠과 플레밍의 우정은 인류 역사를 바꾼 계기가 되었다. 귀족의 아들인 처칠이 호수에서 수영을 하다가 발에 쥐가 났는 데, 시골 농부의 아들인 플레밍이 처칠을 구해주었다. 플레밍은 가난하여 공부를 계속할 수 없었지만 처칠이 아버지를 졸라 플레밍을 학교에 다닐 수 있도록 도와주어 런던 의과대학을 졸업하게 되었다. 그 후 포도당 구균을 연구하여 페니실린을 만들었으며, 1945년 노벨의학상을 받았다.

처칠은 26살에 국회의원이 되었으며 두 번이나 수상을 했다. 2차 세계대전 중 폐렴에 걸려 목숨이 위태로울 때, 플레밍이 만든 페니실린을 급송하여 생명을 구할 수 있었다. 두 사람의 우정으로 처칠은 2차 세계대전을 승리로 이끌었으며, 1953년《제2차 세계대전》으로 노벨문학상을 수상했다.

이와 같이 친구는 장수의 필요 요건뿐만 아니라 세상을 살아가는 데 있어 없어서는 안 될 소중한 사람이다. 그러므로 자기 주변에 좋은 친구가 많다는 것은 그만큼 행복한 사람이다. 따라서 내가 좋은 친구가 되면 남도 나에게 친한 친구가 되어 줄 것이다.

늙어간다는 것은

늙어가면서 나이를 더해가는 것은 어쩔 수 없는 일이다. 그런데 나이를 거꾸로 세는 부족이 있다. 미얀마의 섬에 올랑사키아라는 부족은 아이가 태어나면 60살이 된다. 이후 해마다 한 살씩 줄어 60년이 지나면 0살이 된다. 더 오래 살면 10살을 주고 또 한 살씩 줄여간다. 나이를 더하기가 아닌 빼기를 하는 셈이다.

셈법만 달랐지 나이를 더하든 빼든 늙어간다는 것은 변하지 않는 사실이다. 예전에는 장수를 오복인 수(壽), 부(富), 강령(康寧), 유호덕(攸好德), 고종명(考終命) 중에서 으뜸으로 여겼다. 그래서 오래 사는 노인을 경륜이 있는 어른으로 존경했다. 그런데 100세 시대의 고령사회가 되면서 장수가 축복이면서 또한 재앙이 되었다.

시대에 따라 경로사상과 효에 대한 인식이 변하면서 노인을 홀대하는 풍조가 나타나고 있다. 그래서 어르신들은 젊은이들에게

"니들은 늙어봤냐? 우리는 젊어봤다"라고 하면서 자신의 존재감을 드러내기도 한다. 그러면서 젊을 때 하지 못했던 하고 싶은 일을 하는 어르신들이 많다.

《동의보감》에는 인간의 수명을 125살이라고 한다. 100년을 넘게 산다는 것은 건강관리도 잘 해야 되겠지만 위험도 잘 피해야 된다. 또한 생로병사의 단계를 자연스럽게 거치면서 청춘은 청춘에 맞게, 중년은 중년에 맞게, 노년은 노년에 맞는 삶을 살아야 한다.

대개 노년이 되면 몸과 마음이 자연히 늙는다고 생각한다. 그러나 그것은 생물학적인 현상이고 심리적인 상태는 어떤 생각을 갖고 어떻게 사느냐에 따라 달라질 수 있다. 그러므로 살아있는 지금이 시간이 무엇보다 소중하다. 특히 노년을 잘 보내기 위해서는 건강만 챙기지 말고, 평생 배우고, 봉사하는 삶을 살아야 한다.

요즘은 오복을 재산, 건강, 일, 배우자, 친구라고 한다. 그 중에서도 배우자나 가족, 친구와 같은 인간관계가 노년의 행복을 좌우하게 된다. 사람은 평생 3500명 정도의 사람과 인간관계를 맺으며 살아간다. 그 중에서도 어떤 사람을 만나서 어떤 인간관계를 맺느냐에 따라 인생이 달라진다. 노년을 행복하게 살고 싶다면 행복한 사람과 어울려야 한다.

김형석 교수는《백년을 살아보니》에서 '인생의 황금기는 60세에서 75세'라고 하면서, "사랑이 없는 고생은 고통의 짐이지만, 사랑이 있는 고생은 행복을 안겨주는 것이 인생이다"라고 말했다. 이 세상을 살아가는데 있어 가장 필요한 것은 사랑이다. 사랑의 본질은 '열정'과 '친밀감'과 '헌신적인 마음'이다. 따라서 사람과 사람 사이에는 사랑하는 마음이 있어야 세상을 행복하게 살아갈 수 있는 것이다.

그러므로 내 주위의 사람들과 나누고 베풀면서 더불어 살아가는 따뜻한 마음이 있어야 노년을 행복하게 살아갈 수 있다. 이를 위해서는 그동안 열심히 번 돈을 자신과 사랑하는 사람을 위해서 다 쓰고 죽어야 한다. 그것은 버리고 떠나는 일이지만 한편으론 자신의 좋은 이미지를 남기는 일이다.

이 세상에 내 것은 하나도 없다. 다만 가진 것을 잠시 가지고 있다가 언젠가는 모두 버리고 떠나야 한다. 마치 높이 나는 새가 몸을 가볍게 하기 위해 뼛속까지 비우듯이, 이승을 떠나기 전에 자기가 가진 재산과 사랑을 남에게 다 베풀고 떠나야 한다.

우리 인생, 노을 지는 해처럼 저물거든, 한세상 덧없이 살다간 육신 청산에 벗어놓고, 별들이 모여 사는 그곳으로, 모든 것 다 버리고 바람처럼 떠나자.

인생을 아름답게 마무리하기 위하여

"개똥밭에 뒹굴어도 이승이 좋다"는데, 사람은 한 번 태어나면 언젠가는 이승을 떠나야 한다. 그렇지만 우리는 나이 들어 늙어가면서 인생을 아름답게 마무리할 줄 모르고 살아가고 있다.

봄에는 꽃이 피고 가을에는 낙엽이 지듯이, 사람이 나이 들어 죽는다는 것은 자연의 섭리이다. 그러나 형형색색 단풍으로 곱게 물든 나무들처럼 인생을 아름답게 마무리한다는 것 또한 결코 쉬운 일은 아니다.

인생을 아름답게 마무리하기 위해서는 노후의 인생을 미리 준비하지 않으면 안 된다. 더구나 요즘은 퇴직하는 평균연령이 53세인 반면에 평균수명은 남자 77세, 여자 84세로 늘어나면서 은퇴 후의 인생이 길어지고 있다.

인생 100세 시대를 맞아 후반기 인생이 전반기 인생에 걸쳐 사는 것이 아니라 당당하게 새로운 인생으로 거듭날 수 있도록 해야 한다. 퇴직 전 전반기에는 자녀들을 양육하느라 인생을 보냈지만, 후반기에는 자기가 하고 싶은 일을 찾아 보람된 노년이 되도록 해야 한다.

퇴직 이후에는 또 하나의 새로운 삶을 살기 위해, 과거를 되돌아보고 좀 더 나은 미래를 설계하기 위해서는 공부를 해야 한다. 책은 평생토록 가장 좋은 벗이다. 지혜를 깨닫고, 생각을 넓히며, 배우는 즐거움을 누릴 수 있는 것이 책이다. 빌 게이츠는 "책 속에서 나는 많은 영감을 얻었고 위대한 정신을 만날 수 있었다. 책은 언제나 나의 가장 절친한 친구였다"라고 말했다.

대부분의 사람들은 퇴직 후에 자신의 건강관리와 여가생활을 즐기는 것으로 만족한다. 그러나 103세까지 장수한 호서대 설립자 강석규 총장은 그의 수기에서 "65세 때 은퇴하고, 30년 후 95세 생일에 얼마나 후회의 눈물을 흘렸는지 모른다. '이제 다 살았다. 남은 인생은 그냥 덤이다'라고 30년을 의미 없이 산 것이 참으로 후회스러워 95세 때 하고 싶은 어학 공부를 시작했다"고 한다.

지혜로운 사람은 자기의 길을 안다. 자기가 하고 싶은 보람된 일을 찾아 인생 후반기의 계획을 어떻게 세우느냐에 따라 인생이 달라질 수 있다. 그 중에 첫째가 장수이다. 건강하게 오래 살아야 인생을 아름답게 마무리할 수 있다. 장수의 비결은 건강하게 일을 하면서 행복하게 사는 것이다. 그러기 위해서는 긍정적인 사고와 즐거운 생활을 해야 한다. 작은 일에도 감사하고 만족할 줄 아는 마음을 가져야 한다. 불만과 불평을 하는 사람은 행복할 수 없으며,

무기력하고 게으른 사람은 건강할 수 없다.

노년을 행복하게 보내기 위해서는 무엇보다 사회적 관계가 중요하다. 대인관계에서 잘난 체 하거나, 남을 간섭하는 언행은 삼가야 한다. 자기가 옳다고 고집부리지 않으며, 남과 다투지 말아야 한다. 그리고 출세하거나 재산이 많다고 자랑하지 말고, '입은 닫고, 지갑은 여는' 잔소리하지 않고 베푸는 어른이 되어야 한다. 그리고 함께 늙어갈 부부와 다정한 친구가 주변에 있다면 이 또한 노년의 행복이다.

노년에는 재산관리를 잘 해야 편안하게 살 수 있다. 그동안 모은 재산을 부동산에 40%, 주식이나 채권, 보험에 30%, 현금화할 수 있는 예금에 30%씩 분산하여 투자해야 한다. 특히 재산은 죽은 후에 물려주려고 하지 말고, 살아있을 때 자식의 성장과정에 따라 계획을 세워 나눠주는 것이 좋다.

행복의 원천을 자식이나 타인이 아닌 자신에게 두어야 한다. 그러면 가족과의 관계, 내 삶에서 우선순위 등 삶을 대하는 태도가 달라질 것이다. 재산을 자식에게 다 물려주려고 하지 말고, 그동안 아끼던 소장품은 친지들에게 나누어주고, 내가 번 돈은 내가 다 쓰고 나머지는 사회에 환원하겠다는 마음으로 남에게 베풀어야 한다. 그리고 자신을 위해서 유서를 미리 써두는 것이 좋다.

우리는 이 세상에 태어날 때 울면서 태어났다. 그러나 이 세상을 떠날 때는 웃으면서 떠날 수 있어야 한다. 그러기 위해서는 노후에 선행을 베푸는 일이야말로 인생을 아름답게 마무리하는 길이다.

나이아가라 폭포에서 별을 보며

이번 여름에 나이아가라 폭포를 다녀왔다. 나이아가라 폭포는 5대호에서 흘러내리는 강물이 천둥소리를 내며 떨어지는 폭포수와 물보라 속에 피어오른 무지개가 참으로 환상적이었다. 대자연의 경이로움과 밤하늘의 신비로운 별들을 보면서 우리 인간은 우주 속에 보잘것없는 존재에 불과하다는 생각이 들었다.

밤하늘에 반짝이는 별들을 쳐다보면 무한한 상상의 세계가 펼쳐진다. 수많은 별들 중에서 어느 이름 없는 떠돌이별에 외계인과 같은 지적 생명체가 살고 있을까? 지구인들은 우주선을 타고 가서 그들을 만날 수 있을까? 생각하면 할수록 의문이 계속 이어진다.

그래서 사람들은 자기 나름대로 공상의 세계에 빠져들기도 한다. 그 중의 하나가 외계인들이 UFO를 타고 우주 속의 별나라를 떠돌아다닌다고 상상하기도 한다. 그러나 아직까지 외계인은 없으며,

UFO는 착시현상으로 집단 무의식이 만들어낸 허구라고 한다.

하지만 스티븐 호킹 박사는 "우주에 있는 수많은 행성뿐만 아니라 떠돌이별에도 생명체가 존재하며, 우리는 그 생명체가 어떤 존재인지 모를 뿐"이라고 말했다. 이를 규명하기 위해 과학자들은 최첨단 천체망원경과 신호 분석용 컴퓨터를 이용하여 은하계에 있는 100만 개의 별에서 지적 생명체를 찾는 연구를 하고 있다.

우주에는 수많은 별들이 있다. 그 별들 중에는 가스와 먼지로 가득 찬 별도 있고, 다이아몬드로 된 별도 있다. 별이 하나인 경우는 절반 정도이며, 대개 둘, 셋 심지어 여섯 개가 붙어 있는 별도 있다. 또한 하늘에 있는 별들은 모두가 다 별이 아니다. 태양과 같이 에너지를 발산해 빛을 내는 항성인 별이 있고, 태양의 빛을 반사하는 금성과 같은 행성이 있는 데, 행성은 별이 아니다. 지구 역시 '지구별'이 아니다.

천문학자들은 우주에 수천억 개의 별이 있는 은하가 1000억 개 이상 있다고 한다. 이에 따라 은하계에는 지구와 같은 행성이 500억 개 가량 있으며, 그 중에는 지구와 같이 생명체가 살 수 있는 골디락스 존이 5억 개로 추정하고 있다. 따라서 우주에는 외계인과 UFO 등 인간의 상상을 초월한 생명체가 존재할지도 모른다.

우주는 138억 년 전에 생성되었으며, 지구는 46억 년 전에 탄생하여 생명체가 나타난 것은 35억 년 전이다. 인류는 500만 년 전에 유인원에서 진화하여 현생 인류인 '호모 사피엔스'가 20만 년 무렵에 등장했다. 이러한 인류가 우주를 탐사하기 시작한 것은 1961

년 소련의 유리 가가린이 최초로 인공위성을 타고 달에 착륙했다. 2015년에는 미국 항공우주국(NASA)의 무인탐사선 뉴 호라이즌스 호가 9년 6개월 동안 56억 7000만km를 초속 13.8km로 날아가 태양계 끝에 있는 명왕성에 도달했다.

최근에 인간이 살기에 가장 적합한 환경을 지닌 케플러-452b 행성이 발견되었다. 이 행성은 지구에서 1경 3254조km 떨어져 있다. 그 행성에 가기 위해서는 빛의 속도로 1400년이나 걸린다. 인간이 외계인을 만나려면 너무나 멀고, 인생은 너무도 짧다. 그렇기 때문에 빛의 속도보다도 더 빠른 초광속 우주선으로 날아가야 한다. 하지만 이것은 현실적으로 불가능한 일이다.

누군가 상상한 것은 누군가 실현한다. 과학자들은 빛보다도 더 빠른 중성미자를 발견했다. 초광속 이론으로 빛보다 빠르면 타임머신을 타고 과거나 미래로 시간여행을 할 수 있다. 공상소설에서나 있음직한 일이 현실로 나타나게 되었다. 또한 인공 세포로 인공 생명체의 탄생이 가능해졌다. 그러면 인공지능을 가진 로봇이나 인공 생명체를 우주로 보낸다면 가능한 일일지도 모른다.

먼 미래에는 지금의 우리가 상상할 수도 없는 일이 벌어질 것이다. 별들은 생성과 소멸의 과정을 거치면서 지금과 같은 자리에서 그 빛을 영원히 반짝일 수는 없다. 인간들 역시 예측할 수 없는 많은 진화가 이루어질 것이다. 그렇지만 인간은 그 유한한 삶 속에서도 무한한 우주의 천리를 알고 지혜롭게 대처해나갈 것이다.

이번 여름에 아내와 함께 미국과 캐나다 여행을 하면서, 나이아가라 폭포에서 "나이야 가라!"를 외쳤다. 하지만 부질없는 외침이었다. 오히려 위대한 자연 앞에서 우주의 천리를 인식하고, 내가 존재하고 있다는 사실만으로도 이 세상은 살만한 가치가 있다는 것을 깨달았다. 우리의 짧은 인생. 사는 동안만이라도 서로 사랑하고 행복하게 살아가야 할 것이다.

제5장

작가의 삶과 수필세계 엿보기

작가의 삶은 수필을 통해 드러난다. 김한호(金漢鎬)라는 이름은 '한국 호랑이'라기보다는, '은하수'라는 뜻을 가지고 있다. 그는 밤하늘의 은하수처럼 좋은 작품을 써야겠다는 행복한 꿈이 이루어지기를 염원하며 글을 쓰고 있다.

김한호의 수필세계는 다양한 경험과 폭넓은 식견을 수필 작품으로 형상화하여 생명의 소중함과 인간성 회복을 위한 개성적인 작품세계를 추구한 문학성이 뛰어난 작가로 평가받고 있다.

가을 여행

가을이면 어디론가 떠나고 싶어진다. 찌는 듯한 무더위가 지나가고 선선한 바람이 부는 상쾌한 날씨에 단풍이 곱게 물들어가면 왠지 마음이 들썩인다. 하지만 그동안 직장생활을 하다보니 생각같이 그렇게 쉽게 여행을 떠날 수가 없었다. 그러나 이제는 정년퇴직을 하였으니 홀가분한 몸으로 어디론가 떠나야겠다.

그런데 정년퇴직을 하고 각종 자료들을 정리하다 뜻밖에 오래된 컴퓨터에서 대학시절에 쓴 〈가을여행〉이라는 수필을 발견했다. 이 작품은 나의 '처녀작'이라고 할 수 있는 작품으로 대학신문 현상공모에서 문학상을 받은 수필이다. 그런데 원문은 없고 그 일부만 컴퓨터에 내장되어 있었다.

대학에 입학하여 '전원문학회'에서 시를 쓰고, 시인들과 함께 시화전과 시낭송회에 참여하기도 했다. 더욱이 시인인 교수댁에서 가정교사를 했기 때문에 많은 문인들을 알게 되었고, 그들의 시를 즐겨 읽었다. 그러나 시인이 되기에는 시심이 영글지 못하여 포기했다.

그러나 정훈장교로 휴전선 전방부대에 근무할 때는《전우신문》에 시와 수필을 발표했다. 군복무를 마치고 중 · 고등학교 국어교사를 하면서 잡지와 신문에 시와 수필을 발표했다. 그때의 작품들을 스크랩해 두었으나 어디에 두었는지 찾을 수가 없었다. 그렇지만 숨겨둔 보물처럼 어느 날 뜻밖에 나타날지도 모른다는 기대를 저버리지 못하고 있다.

그동안 수필가와 문학평론가로 25여 년 문학활동을 하고 있다. 문학회 임원으로 활동하고, 저서도 몇 권 발간하고, 문학상을 받기도 했지만 아직 이렇다 할 문학적인 성과를 드러내지 못하고 있다. 그러나 앞으로 더욱 더 좋은 작품을 쓰리라 다짐하며, 대학시절에 쓴 〈가을 여행〉이라는 수필의 일부를 여기에 옮겨본다.

> 나는 가을에 여행을 하고 싶다. 권태롭게 반복되는 일상을 송두리째 벗어놓고 아무도 모르게 야간열차를 타고 밤새도록 달리는 긴 여행을 하고 싶다. 허허한 벌판과 긴 강이 흐르는 철교를 지나 날이 새면 나도 모르게 딴 도시로 흘러 들어가는 꿈.
>
> 낯선 어떤 도시의 거리를 그냥 걸어도 좋겠고, 코스모스 어우러진 한적한 길을 걸으면 더욱 좋겠다. 유독 잘 차려 입었거나 화장이 세련된 도시의 노처녀보다, 일상의 삶을 애써 형태 지울 줄 모르고

살아가는 수더분한 아낙을 만나는 게 반갑다.

플랫폼의 매낏매낏한 잔 자갈과 창백한 수은등 아래서 저녁 기차를 기다리는 순간이 그립다. 여느 때같이 해 그림자는 차창에 기대어 있고, 차창 밖으로 느긋이 눈을 던지면 시원하게 내달아오르는 논과 밭, 일정하게 금을 긋고 쫓아오는 전봇대, 산과 강이 내 곁을 지나 어둠 속으로 사라질 땐….

문득 잃어버렸던 꿈을 무참히 무너뜨리고 현실이 나에게로 달려오는 것만 같다. 마치 거대한 불도저가 산더미 같은 흙을 밀쳐버리고 달려드는 것만 같이 말이다.

이제는 가을이다. 모든 사랑하는 것들이 진실로 아름답게 보이는 가을날이다. 이렇게 가슴 설레는 날이면 괜스레 여행을 하는 꿈을 지녀보고는 그토록 나를 매혹하는 아름다운 곳으로 달려갈 수 없는 안타까움에 시큰한 아쉬움만 갖게 한다.

오늘도 그 이루어질 수 없는 꿈을 그리며, 이렇게 일상생활의 쳇바퀴 속에서 나의 환희를 잃어가면서까지 오늘을 지키기에 노력해야 하는가 보다.

사는 게 그때나 지금이나 바쁘긴 마찬가지인가보다. 40여 년 전 대학시절에 쓴 〈가을 여행〉을 읽어보니 새삼 지난날이 그리워진다. 이 수필에서 여행을 떠나지 못하는 안타까움이 묻어나는 것은 어쩔 수 없는 현실 때문이었을 것이다. 대학시절에는 외국여행을 갈 수도 없을 뿐만 아니라 국내여행도 바쁜 일상 때문에 결코 쉬운 일이 아니었으리라. 〈가을 여행〉은 그러한 심정을 감성적으로 토로하고 있는 듯하다.

그런데 나는 초 · 중 · 고등학교 학창시절에 수학여행을 한 번도 간 적이 없었다. 중학교 때는 가뭄이 들어 못 갔지만 선천적으로 멀미를 했기 때문이다. 멀미를 심하게 하는 어머니는 물레방앗간에 쌀을 빻으러 갔다가 물레방아 돌아가는 것을 쳐다보다 어지럼증이 나서 징검다리를 건너오면서 미끄러져 쌀가루를 여울물에 쏟았다고 한다. 어머니를 닮은 우리 형제들은 차를 타면 멀미를 하기 때문에 30리 길도 걸어다녔다.

그 때문인지 더욱 여행을 하고 싶었다. 교직에 근무하면서 방학때면 세계여행을 많이 다녔다. 낯선 나라를 여행하면서 여정, 견문, 감상을 통해 많은 것을 보고 느끼며 깨닫게 되었다. 그런데 여행 중에 많은 이야깃거리들이 있었음에도 여행기를 쓰지 않았다. 이제는 정년퇴직을 하였으니 그동안 가 보지 못했던 나라를 마음대로 갈 수 있게 되었다. 그곳에서 멋진 낭만도 가져보고 좋은 글도 쓰리라.

여행은 떠남이다. 떠남은 또 다른 만남이다. 인생은 만나고 떠남의 반복 속에 살아간다. 비록 〈가을 여행〉을 잃어버리고 살아왔지만 이제 남은 생애 동안 또 다른 만남을 위해 여행을 떠날 것이다. 올 가을엔 아름다운 그곳으로 떠나야겠다.

작품 속에 투영된 어머니

어머니! 하고 가만히 불러보면 눈물이 난다. 어린 시절 일찍 세상을 떠난 어머니는 영원한 그리움의 대상으로 남아있다. 내 삶에 있어 어머니의 부재는 어두운 세월 저편의 슬픈 자화상이었다. 그동안 나는 작품을 통해서 어머니에 대한 절절한 그리움을 서정적 울림으로 그리움의 미학을 추구한 바 있다. 이러한 작품으로 〈영혼처럼 빛나는 별〉이 있다.

> 소쩍새 우는 밤이면 내 곁을 떠나 영원히 만날 수 없는 사람들에 대한 그리움으로 몸부림친다. 세상을 떠나버린 아버지, 어머니, 그리고 그토록 사랑했던 사람들! 그들은 어디서 무엇이 되어 다시 만날 수 있을까?
>
> 어릴 때 누님은 밤하늘의 별똥별은 이승을 떠나 또 다른 세계로

길 떠나는 사람들의 영혼이라고 했다. 영혼이 우리 곁을 떠나면 어디로 가는 걸까, 어둠 저편엔 밝음의 세계가 있을까?

별은 지구에서 살다 목숨이 다한 생명체들의 영혼이 모여 사는 곳일지도 모른다. 육체는 죽어도 영혼은 불멸하여 우주 공간 수많은 별들 어딘가 존재하고 있을지도 모를 일이니까… .

그래서 사람들은 세속적인 삶을 떠난 죽음 뒤엔 영혼의 부활이 있을 거라고 믿었다. 그런 사람들은 죽음을 초월하여, 지순한 사랑으로 꽃다운 삶을 살다간 영혼들의 속삭임이 들린다고 한다.

나도 그 영혼의 소리를 듣고 싶다.

별이 빛나는 밤, 아름다운 그들의 영혼은 하늘가 어느 별 속에 그리움처럼 반짝이고 있으리라.

나는 어린 시절 어머니와 몸 부대끼며 살았던 다정다감한 기억들을 평생 잊지 않고 살아가고 있다. 그 아련한 이미지들은 내 작품 속에 자양분이 되어 문학적 형상화를 통해 그리움으로 승화되어 표출되곤 한다. 이와 같이 어머니를 그리워하는 마음을 한국적인 정서에 어울리는 〈홍시〉라는 수필을 감성적인 언어로 진솔하게 표현하였다.

가을걷이가 끝날 무렵, 어머니는 감나무에 매달린 때깔 고운 홍시를 곱게 손질하여 소쿠리에 담아 보자기에 싸시더니, 내 손에 들게 하고 건넛마을 선생님을 찾아갔다. 어머니는 공부를 잘하는 아들이 중학교에 진학하지 못하고 농사일을 하는 것이 못내 마음 아프셨던 모양이었다.

- 중략 -

고등학교 2학년 여름방학 때, 갑자기 어머니께서 세상을 떠나셨다. 아홉 명이나 되는 아이를 낳아 네 아이는 하늘나라에 보내고, 다섯 아이를 기르신 어머니는 시름 많은 세상을 살다 아무 말 없이 떠나신 것이다.

노을 지는 들판에 허수아비처럼 살아온
주름살 응어리진 어머니의 얼굴엔
한 많은 연륜들을 농사만큼 자식 걱정

철 모르고 자란 세월 어머니의 사랑인 걸
먼발치 치맛자락 하루인들 잊을까만
다시금 그리워지는 다사로운 어머니

어머니의 정성을 잊지 않고 주경야독 열심히 공부하였다. 나는 대학에 진학할 수 없는 형편임을 알면서도, 아무도 모르게 새벽 기차를 타고 낯선 도시로 대학입학시험을 치르러 갔다. 진눈깨비가 흩날리는 캠퍼스에는 부모형제들이 서성이고 있었지만, 아무도 아는 이 없는 낯선 곳에서 홀로 시험을 보는 그 순간에 불현듯 어머니의 모습이 떠올라 눈물이 앞을 가렸다.

장학금을 받고 가정교사를 하여 대학을 졸업한 후, ROTC장교로 군 복무를 하였다. 공수특전사에서 낙하산 훈련을 받던 극한상황에서도 어머니가 보고 싶었고, 휴전선 비무장지대에서 남쪽 하늘을 바라보며 어머니를 그리워했다.

군 복무를 마치고 교사가 되었다. 시골학교에서 근무하면서 대학원에 진학하여 불철주야 공부를 하였다. 뙤약볕이 내리쬐는 여름 낮에도, 찬바람이 가슴을 파고드는 겨울 밤에도 혼신의 힘을 다하여 공부를 하였다. 매주 몇 백 리가 넘는 먼 길을 다니면서도 남들이 하기 어려운 공부를 한다는 보람에 힘든 줄 몰랐다. 마침내 문학박사 학위를 취득하였다. 나는 먼저 부모님 산소에 찾아가 절을 올렸다.

산소 아래 산자락에는 아직 철 이른 풋감이 주렁주렁 열려 있었다. 그 감이 익어 어머니의 마음결같이 고운 홍시가 되면, 한 아름 따다가 정년퇴임을 하신 건넛마을 선생님께 드려야겠다.

이 세상에서 가장 아름다운 것은 '어머니의 마음'이다. 그리고 이 세상에서 가장 소중한 언어는 '사랑'이다. 이 두 가지를 다 포함하고 있는 대상이 바로 '어머니'이다. 그래서 죽을 때까지, 아니 돌아가신 후에도 잊을 수 없는 것이 어머니이다.

그래서 모성애는 그 어느 것보다도 크나큰 사랑이다. 이러한 사랑을 몸소 실천하는 분이 어머니이다. 비록 일찍 돌아가신 어머니이지만 어머니의 사랑을 평생 잊지 않고 살아가는 것은 어머니는 나를 낳아주시고 길러주신 사랑의 보금자리이기 때문이리라.

풀꽃 훈장

《한국수필》(1994,여름호) 등단작

지난 설날, 버스터미널에서 섬 소녀를 보았다. 도시로 가버린 미영이었다. 갓난아이를 보듬고 군중 속에서 서성이는 모습은 먼발치에서도 초라해 보였다. 벌써 아기 엄마가 된 미영이를 보니 예전 섬 학교에서의 일들이 떠오른다.

스승의 날이었다.

교실에 들어선 선생님에게 아이들이 몰려와서 옷자락에 훈장 같은 꽃을 주렁주렁 달아준다. 꽃망울진 장미와 활짝 핀 카네이션으로 웃옷이 온통 꽃밭이 되어버렸다.

왠지 쑥스럽고 부끄러웠다. 교무실 구석에서 그 꽃들을 떼어내다 뜻밖에 풀꽃 한 송이가 매달려 있는 것을 보았다.

누구일까? 풀꽃을 살며시 꽂아두고 가버렸을 그 아이가 궁금했다. 쉰두 명의 얼굴 중 우연히 미영이의 얼굴이 떠올랐다. 수더분한 얼굴에 말수가 적은 미영이가 생각났다. 파도소리와 갯바람에 길들여진 순박한 미영이의 꾸밈없는 마음일 거라고 여겼다.

미영이는 불쌍한 섬 아이들 중의 하나였다. 바다에 고기잡이 나간 아버지가 파도에 휩쓸려 시체로 집에 돌아오던 날, 가족들은 밤새도록 목 놓아 울었다.

장례식 날, 아이들과 함께 찾아간 후미진 바닷가 초상집은 을씨년스러웠다. 바닷가 방파제 위에 덩그러니 놓인 꽃상여는 거친 바닷바람에 찢겨 나풀거리고, 미영이의 처절한 통곡은 파도소리가 삼켜버렸다. 함께 온 아이들도 서럽게 서럽게 울었다. 어쩌면 미영이의 불행이 자신들의 숙명처럼 여겨졌기 때문이었을까? 섬 아이들은 바다보다 더 짜디짠 삶을 살아가고 있다. 파도에 휩쓸리는 모래톱의 모래알만큼 숱한 애환을 품고 살아가는지도 모른다.

갯바람 부는 거친 바다에서 그 바다와 호흡을 같이 하며 살아가는 섬사람들에게 있어서 바다는 고해(苦海)일 뿐이었다. 봄이면 다랑이 논 몇 마지기와 묵정밭을 가꾸며 살아가는 가족들, 겨울이면 새벽 일찍 바다에 나가 시린 손발을 바닷물에 담그고 하루 해 동안 김발, 미역걷이를 서두르는 아버지. 차가운 겨울바다 속에서 몇 번이고 깊은 숨을 몰아쉬며 자맥질하는 어머니.

누더기 같은 처마지붕 아래에서 갯비린내 물씬거리는 저녁 밥상을 차려놓고 바다에 나간 부모를 기다리는 섬 아이는 결코 동화 속에 나오는 아름다운 이야기는 아니었다. 그러나 섬에서 살아본 적이 없는 뭍의 사람들은 수평선 너머 물결 출렁거리는 바다를 낭만과 동경의 대상으로 여겨왔다.

나도 섬 학교에 오기 전까지는 '해당화 피고 지는 섬 마을 선생님'으로 생각했다. 그러나 섬에서 네 해를 사는 동안 섬은 낭만과는 거리가 먼 곳이었다. 현대문명에 소외되고 문화시설이 낙후된 생활은 고통과 아픔만 더할 뿐이었다. 젊은이들은 철새처럼 고향을 떠나고, 주름살 응어리진 늙은 부모들만이 외로운 섬을 지키고 있었다. 부모를 잃은 아이와 생활보호 대상자도 많았으며, 가정형편이 어려워 중도에 학교를 그만두고 도회지로 취직하러 가는 아이들도 많았다.

미영이는 지난해 아버지를 잃은 불쌍한 소녀이다. 그런데 병든 몸으로 해녀생활과 미역공장에서 날품팔이를 하던 홀어머니마저 농약을 마시고 죽어버렸다. 어린 자식들의 뒷바라지도 못 다한 채 고통스런 삶을 마감해버린 것이다.

그 후 미영이는 한 마디 말도 없이 남은 가족들과 함께 도회지로 떠나가버렸다. 행여나 돌아올까 기다리던 나는 아린 마음으로 그 아이의 이름을 출석부에서 지웠다. 그동안 나는 미영이 뿐만 아니라, 학교를 그만 둔 아이들에 대해 무관심하게 잊고 지내왔다. 남은 학생들을 위해 열심히 가르치는 일만이 교사로서 최선을 다하는 것으로 생각해왔다.

그런데 버스터미널에서 미영이를 본 순간 반가움보다는 부끄러운 마음이 앞섰다. 어린 나이에 아이 엄마가 된 초라한 모습을 보고는 더욱 마음이 아팠다. 그 아이를 보살펴주지 못한 자책감이 마음속 깊이 소용돌이치고 있었다.

스승의 날, 훈장처럼 풀꽃송이를 달아주던 미영이가 아이 엄마가 되어 눈앞에 서성거려도 차마 그 이름을 부르지 못한 아쉬움이 여울물처럼 흐르고 있었다. 어쩌면 하찮은 풀꽃처럼 천덕꾸러기로 살아갈지도 모를 미영이가 안타까웠다. 산과 들에 핀 풀꽃은 온실이나 뜰에서 자란 화초보다 화려하지 않을지라도 소박하며 강인한 이미지를 지니고 있다. 미영이가 온실 같은 학교를 떠나 거친 사회에서 생활하더라도 산야에 핀 풀꽃처럼 꿋꿋하게 살아가기를 마음속으로 빌고 또 빌었다.

해마다 스승의 날이 되면, 선생님의 가슴에 감사의 꽃을 달아준다. 그리고 나라에서는 선생님의 공적에 따라 훈장을 수여한다. 꽃이름만큼 화려한 무궁화장, 모란장, 동백장, 목련장, 석류장의 자랑스러운 훈장들이다.

그러나 세월이 흐를수록 무명교사의 가슴에 풀꽃 한 송이를 달아주던 그 마음이 그립다.

어두운 세월 저편의 소리

《한국수필》(1994,여름호) 등단작

아내의 동창인 성교수의 가야금 연주발표회에 참석했다. 광주 문화예술회관 대강당에는 관객들로 만원을 이루고 있었다.

연주가 시작되자 눈부신 조명 아래 꽃노을빛 한복으로 곱게 차려 입은 여인이 다소곳이 가야금을 무릎 위에 얹어놓고 가야금 열두 가락을 손끝으로 퉁기는 모습은 천상의 선녀처럼 아름다웠다.

가야금을 한 줄 한 줄 손끝으로 뜯을 때마다 가슴을 저미듯 울려퍼지는 오묘한 선율에 도취되어 넋을 잃고 있을 무렵, 갑자기 둔탁한 소리를 내며 가야금 줄 하나가 끊어져버렸다. 갑작스런 일에 당황한 듯 얼굴이 붉어지더니 이내 능란한 솜씨로 나머지 열한 줄로 쏟아지는 폭포처럼, 뿜어대는 분수처럼 신명나게 휘몰이 가락을 토해내고 있었다.

줄 끊어진 가야금 소리를 듣고 있는 순간, 불현듯 어두운 세월 저편 어린 시절 고향의 토담 밑 귀뚜라미 울음소리와 어우러져 들려오던 구슬픈 그 소리가 환청인 양 들려왔다.

무서리가 내리던 이른 겨울. 퇴락한 양반집 행랑채에 빌붙어 살기 위해 낯선 여인이 찾아왔다. 뒷산 부엉이가 우는 밤이면 대숲 속에서 도깨비가 나온다는 아무도 살지 않는 을씨년스런 빈집에 이사를 왔다.

네 살 바기 우는 아이의 손을 잡고 서성이는 여인의 얼굴은 파리하게 야위었으며 무명 반물치마의 옷매무새는 초라해보였다. 해진 솜이불, 닳아진 밥그릇, 케케묵은 가야금이 세간살이 전부인 듯 보잘 것 없었다. 가야금이 신기한 듯 쳐다보는 개구쟁이 우리들을 물끄러미 바라보는 여인의 입가엔 초승달 같은 미소가 물리었다.

그녀가 이사 온 날 밤부터 예전에 들어보지 못한 구슬픈 가락이 온 동네에 메아리쳤다. 시집 살다 소박맞고 돌아온 들몰댁은 청승맞은 소리라고 노발대발이었으나, 내겐 겨울밤 부엉이 울음소리보다 더 신비롭기만 했다.

뒷산 소나무 숲에서 불어오는 바람이 요란하게 봉창을 두드리던 겨울 저녁, 우리들은 빈집에 문고리를 따고 들어가 신기한 소리를 내는 악기를 만지작거리며 놀았다. 손가락으로 퉁겨보기도 하고 손바닥으로 두드리며 기러기발을 밀고 당기며 장난을 하다 그만 가야금 줄 하나를 끊어버리고 말았다. 벼락 맞은 대추나무처럼 화들짝 놀라 모두 도망쳐나왔다.

그날 밤은 다듬이 소리, 글 읽는 소리, 어린애 우는 소리만 밤하늘에 메아리칠 뿐 가야금 소리는 들리지 않았다.

그녀는 무당이었다. 그녀에 대해 아는 사람은 아무도 없었으나, 그녀의 굿은 영험이 있다고 먼 동네 아낙네들까지 그녀를 불러갔다. 굿이 있는 날은 속살을 파고드는 추위가 기승을 부리는 삼동일지라도, 그녀는 고개 너머 이웃마을까지 딸아이와 함께 바라를 이고 갔다.

꽃샘추위에 개울물이 수줍은 듯 얼던 날, 저녁밥 짓는 연기가 오솔길처럼 하늘 높이 피어오르고, 된장찌개 동치미가 밥상에 오르던 저녁밥 때, 부끄러운 듯이 찾아온 여인은 배가 불러 있었다. 누님은 아무 말 없이 밥과 반찬을 넉넉히 담아주었다.

여인은 홀몸이 아니었다. 혼자 사는 여인도 연인이 있었나 보다. 남몰래 달 밝은 밤, 두 연인의 알몸뚱이는 꽃뱀처럼 얽혀 불타고 있었으리라. 그녀는 보리깜부기 같은 시커먼 풍문만 흩날릴 뿐 아무 말이 없었다.

배부른 그녀의 굿은 영험이 없었다. 그녀의 네 살 바기 딸아이의 얼굴에는 열꽃이 피기 시작했다. 논배미에선 뜸부기가 울고 밭두렁엔 깨꽃이 하얗게 필 때, 그녀는 병든 아이를 위해 날품팔이하여 얻은 쌀 두 되를 약과 바꿨다.

그믐날 밤엔 딸아이를 위해 혼신의 힘을 다해 푸닥거리를 하며 치성을 드렸다. 그녀는 배부른 몸을 앞치마로 아무리며 병들어 보채는 아이를 다독거리면서 밤새도록 신령님께 빌고 또 빌었다. 동네 아낙네들은 불쌍한 그녀에게 양식을 거둬주었다.

먹구름이 앞산자락을 뒤덮던 날, 네 살 바기 딸아이는 잠자듯 눈을 감아버렸다. 머리카락이 수세미가 된 여인은 죽은 아이를 거적에 싸서 양지 바른 산자락, 가루 고운 흙 속에 묻고 하늘이 무너지도록 서럽게 울었다. 풀숲에선 이름 모를 풀벌레도 서럽게 따라 울었다.

꽃노을이 곱게 물든 저녁나절, 그녀는 억새꽃 우거진 강둑을 따라 어디론가 떠나가버렸다. 그 후 그녀의 소식을 아는 사람은 아무도 없었다.

갑자기 소나기 같은 박수 소리에 놀라 눈을 떴다. 나는 연주가 계속되는 동안 가야금 소리에 매혹되어 상상의 늪에 빠져 있었던 것이다. 어두운 기억의 저편에 머물고 있던 한 무녀의 슬픈 삶이 애달픈 가야금 가락과 어우러져 너울너울 춤추고 있었다.

가야금 소리는 내 마음 속 깊이 간직된 아름다운 영혼의 소리였다. 그것은 겨레의 정서와 함께 호흡하는 한 맺힌 삶의 맥박이었다. 어느새 내 눈가엔 이슬 같은 물빛이 번지고 내면에 흐르는 슬픔이 카타르시스 되고 있었다.

연주가 끝나자 아쉬운 듯 기립 박수가 계속되고 관객은 자리를 떠날 줄 몰랐다. 가을 달빛에 젖은 계단을 내려오는 동안에도 내 귓가에는 가야금 소리가 들리는 듯 환청에 사로잡혀 있었다.

인생은 가야금 연주와 같은 것, 세상을 사노라면 만남과 헤어짐의 윤회 속에 가야금 줄 끊기듯 인연 끊기는 것은 어쩔 수 없는 숙

명인 것을, 그러나 줄 끊어진 가야금으로 혼신의 힘을 다해 아름다운 소리를 연주하듯 살아가야 하는 것을….

살아있는 것들의 아름다움

광주문인협회 제1회 〈올해의 작품상〉

내가 아끼던 꽃나무가 죽었다. 매일같이 보살피고 정성을 다해 가꾸던 꽃나무였다. 그런데 원인을 알 수 없는 병에 걸려 시름시름 잎이 떨어지더니 가지마저 말라 죽고 말았다. 꽃나무도 살아있을 때는 아름답지만 죽으니 추하다. 더구나 한 생명체가 죽는다는 것은 이 세상에 존재 의미가 사라지는 것이다.

나는 꽃을 좋아하여 오래 전부터 꽃나무를 가꾸어왔다. 꽃의 여신 플로라가 최초로 만든 코스모스를 비롯하여 마지막의 국화에 이르기까지 다양한 꽃을 가꿔보고 싶었다. 그래서 지금도 여러 종류의 화초를 취미삼아 가꾸고 있다. 꽃을 가까이 하다 보니 꽃들도 마음이 있을 거라고 믿고 그들과 이심전심으로 대화를 나누기도 한다.

사람들은 다양한 취미생활을 하며 여가를 즐긴다. 그러나 다양한 취미생활 중에는 자연을 훼손하고 남에게 피해를 주는 일도 있다. 자연을 사랑하는 인디언은 취미로 사냥이나 낚시를 하지 않는다. 그들은 즐기기 위해 살생을 하는 것은 죄악이라고 한다.

꽃을 가꾸는 것은 삶을 아름답고 윤택하게 하는 일이다. 또한 꽃을 가꾸는 마음은 소유하는 마음이 아니라 또 하나의 생명체를 돌보는 일이다. 우리가 아이들을 사랑과 정성으로 길러 사회에 내보내듯이, 꽃을 가꾸는 일은 정성을 다해 꽃을 피워 다른 이들과 함께 아름다운 정서를 나눠가지는 것이다.

그래서 매년 봄이 되면, 꽃나무를 번식시켜 친지나 이웃들에게 나누어준다. 그럴 때마다 꽃나무를 받고 좋아하는 모습을 보면, 내 마음이 행복해지고 내 삶도 풍요로워진다. 꽃을 가꾸면서 작은 것일지라도 나눔과 베풂의 미덕을 실천할 수 있다면, 이 또한 아름다운 삶이 아니겠는가?

아름다운 삶이란 자연과 더불어 사는 것이다. 우리가 자연 속에 살고 있다는 것은 들에 핀 풀꽃처럼, 하늘을 나는 새처럼, 자연스럽게 이 세상에 존재하는 것이다. 그래서 사람들은 초록빛 들녘의 아름다운 풍경을 좋아하고, 숲 속의 싱그러운 향기를 그리워한다. 또한 자연에서 들리는 새 소리, 풀벌레 소리, 시냇물 소리는 우리의 영혼을 깨우는 아름다운 소리들이다.

어릴 때 나는 포플러 잎새들이 시냇물 소리에 따라 춤을 춘다고 생각했다. 시냇가 가장자리에 숲을 이룬 포플러나무 이파리가 눈부신 햇살을 받아 반짝거리는 모습이 마치 이파리들이 춤을 추는 듯이 보였다. 그럴 때면 벌과 나비도 풀꽃 위로 날아와 춤을 추었다.

자연 속에 사는 동식물은 그들만의 아름다운 세상이 있다. 과학자 중에는 식물도 정신세계를 가지고 있으며 그들 나름대로 의사소통을 한다고 한다. 식물도 아름다운 음악을 좋아하고 스트레스를 받기도 하며 싫어하는 식물에게 타감작용을 한다. 그리고 식물도 조건이 나빠지면 신경 쇠약이나 병적인 반응을 보여 꽃을 피우지 않거나 열매를 맺지 않는다.

그런데 인간은 자기들의 사고방식으로 동식물의 생태를 파악하기 때문에 그들이 살아가는 세계를 이해하지 못한다. 그러나 자연과 더불어 사는 동식물은 자연의 질서에 따르고 자연과 조화를 이루며 자연 속에서 혼신의 힘을 다해 살아간다. 그러나 인간은 자연을 파괴하고 동식물을 함부로 살생하고 있다.

원래 인간은 자연의 일부분으로 자연에서 태어나 자연으로 돌아간다. 그래서 옛 선비들은 초야에 묻혀 풍류를 즐기며 무위자연의 삶을 살았다. 그렇기 때문에 우리 조상들은 자연을 소중히 여기고 하찮은 미물일지라도 살생을 함부로 하지 않았다.

길을 걸어갈 때도 작은 벌레들이 발에 밟혀 죽지 않도록 짚신을 신고 다녔으며, 지팡이로 땅을 두드려 미리 피하도록 알려주었다. 씨앗을 심을 때도 반드시 세 알을 심어 하나는 사람이 먹고, 다른 하나는 새나 벌레가 먹고, 나머지 하나는 자연(썩음)과 나눠가졌다. 이렇듯 우리 조상들은 자연과 더불어 살면서 자연을 사랑하고 자연과 조화를 이루며 살아가는 지혜가 있었던 것이다.

그뿐만 아니라 인간은 자연의 섭리를 통해서 인생의 교훈을 얻기도 한다. 자연 속에 존재하는 풀잎 하나, 한 마리의 벌레가 도서실에 있는 책보다 훨씬 많은 의미를 가지고 있다. 이처럼 자연은 말없는 스승과 같다. 자연은 그 자체가 속임이 없고 꾸밈이 없는 선이며 오묘한 예술이다. 그러기에 동서고금의 성현들은 자연을 통해서 인생의 의미를 깨달았던 것이다.

그런데도 인간은 자연을 지배하려고 하며, 자연을 물욕의 대상으로 여겨 무분별하게 파괴하고 있다. 이로 인해 자연 생태계가 파괴되어 수많은 동식물이 죽어가며, 인간도 공해와 오염에 시달리고 있다. 자연은 한번 파괴되면 다시 복원하기 어려울 뿐만 아니라 반드시 재앙이 뒤따른다.

생명체를 가진 모든 동식물은 태어나서 결국 죽게 마련이다. 그렇지만 생태계의 파괴로 동식물이 제대로 살지 못하고 죽는다는 것은 안타까운 일이다. 인간뿐만 아니라 이 세상에 존재하는 모든 생명체는 가치 있고 소중한 것이다. 살아있는 생명체가 소중한 까닭은 생명은 유한하며, 모든 생명체는 그들 나름대로 존재 의미가 있기 때문이다. 그러므로 살아있는 것들이 가치 있고 소중한 존재 의미를 지닐 때, 이 세상은 더욱 아름다워지는 것이다.

그렇지만 우리가 아름다운 삶을 살아가는 것은 결코 저절로 주어진 것이 아니다. 그 속엔 자연을 가꾸고 남을 위해 헌신 봉사하는 사람들의 사랑이 있기 때문이다. 파란 하늘과 맑은 공기, 깨끗한 물,

우거진 숲과 지저귀는 새, 예쁜 꽃이 피어있는 아름다운 자연과 더불어 사람들 마음마다 사랑이 깃들어있다면, 이 세상은 더욱 아름다워질 것이다.

내 이름을 말한다
'한국 호랑이'에서 '은하수'로

"표범은 죽어서 가죽을 남기고 사람은 죽어서 이름을 남긴다(豹死留皮 人死留名)"는 말처럼 작가는 작품을 통해서 이름을 남기고 싶어 한다. 그러나 제목이 좋아서 기억에 남는 작품은 있으나 작가의 이름 때문에 유명해지지는 않는다. 그런데도 작가 중에는 호를 가지고 있는 사람이 있다. 작가의 이름도 잘 기억하지 못하는데 호까지 있으니 더욱 혼란스러울 뿐이다.

예전에는 아명(兒名), 자(字), 호(號), 휘(諱), 시호(諡號) 등 부르는 이름이 많았다. 나도 어릴 때 이름은 '한주'였다. 초등학교에 들어가면서 호적에 내 이름이 '한호(漢鎬)'라는 것을 알았다. 아버지께서는 훌륭한 사람이 되라고 이름을 지어 주셨지만 어려서 이름의 뜻을 제대로 알지 못했다. 더욱이 그 당시에는 6 · 25 전쟁 중이라 유아 사망률이 높았기 때문에 아이가 태어나도 출생신고를 늦게 하거나, 이름을 호적과 다르게 부르기도 했다.

이름 말고도 별명도 참 많았다. 가끔 나를 '한국 호랑이'라고 부르는 사람을 만나면 그냥 웃고 만다. 왜냐하면 나를 소개할 때, '한국 호랑이'라고 한 적이 있었기 때문이다. 한국 호랑이는 '88 서울 올림픽 마스코트'이다. 1988년 섬 학교에 근무할 때 인근 학교 선생님들이 모여 친목행사를 했는데, 그때 "김씨 성을 가진 한국 호랑이 김한호입니다"라고 내 이름을 소개한 것이 '한국 호랑이 선생님'이 되어버렸다.

그 당시 TV 연속극에 호랑이 선생님이 인기를 끌면서 학생들은 나를 무서운 선생님으로 여겼다. 그런데 학생부장을 하면서 공수부대 장교 출신으로 태권도 3단, 합기도 2단이라고 하니까 학생들뿐만 아니라 선생님들도 이상한 눈으로 보았다. 광주항쟁으로 공수특전사 출신을 좋지 않게 보았기 때문이다. 게다가 "학생부장 한국 호랑이 선생님은 조폭도 무서워한다"는 소문이 떠돌았다. 학교에 온 조폭들을 쫓아낸 적이 있었기 때문이다. 그러나 나는 학생들이 좋아하고 따르는 선생님이 되고 싶었지, 호랑이 선생님이 되고 싶지는 않았다. 그래서 장학사가 된 이후에는 '한국 호랑이'라는 말은 절대 하지 않았다.

그런데 작가가 되어 글을 쓰면서부터 내 이름이 너무 평범하다는 생각이 들었다. 동명이인의 작가 이름은 아직 보지 못했지만 '김

○호'라는 이름이 많았다. 고등학교에 근무할 때는 선생님과 학생의 이름 중에는 숫자와 같이, 영호, 일호, 한호, 두호, 세호 등이 있어 웃음거리가 된 적도 있었다. 게다가 초등학교와 고등학교 동창 중에는 한자로도 내 이름과 똑같은 친구가 있어 '키 큰 한호', '키 작은 한호'로 불리면서 서로 불편했다.

그래서 내 이름을 잘 기억할 수 있도록 어떻게 소개를 할까 궁리하다 우연히 대학원에서 한문 공부를 하면서 '한호(은하수 漢, 은하수 鎬)'가 '은하수'라는 뜻을 가지고 있다는 것을 알았다. 그렇지! 누님은 "아버지께서 작명가를 집에 모셔두고 이름을 지었다고 하는데, 귀한 아들 이름을 얼마나 잘 지었겠느냐"고 한 말이 기억났다.

은하수(銀河水)! 우리말로는 '미리내'이고, 한자로는 '용천(龍川)'이다. 밤하늘에 수많은 별무리가 흐르는 강처럼 은은한 별빛이 쏟아지는 은하수! 얼마나 서정적이며 아름다운 이름인가. 용(龍)띠 해에 태어나서 울지도 않고 까무라쳐 있던 아이를 살려내어 오늘의 내가 있게 된 것은, 어머니께서 숱한 날들을 정화수 떠놓고 은하수를 바라보며 기원하셨던 영험인지도 모른다.

지금도 밤하늘에 영혼처럼 떠 있는 별을 볼 때면 또 다른 상상의 세계에 빠져들곤 한다. 그러면서 밤하늘의 은하수처럼 좋은 작품을 써야겠다는 생각을 한다. 그 행복한 꿈이 이루어지기를 염원하면서 오늘도 은하수 흐르는 별이 빛나는 밤에 글을 쓰고 있다.

《수필문학》 2017년 9월호 〈기획연재〉

작가탐방
수필가 김한호

김한호는 수필과 평론을 쓰는 작가이다. 그는 〈김소월 시 연구〉로 문학박사 학위를 받은 시 전문연구가이면서도 시를 쓰지 않고, 수필과 수필 평론을 써오고 있다. 그는 문학성이 뛰어난 수필가로 2002년에는 한국비평가협회에서 '올해의 문제작가'로 선정되었으며, 2008년에는 광주문인협회에서 '올해의 작품상'을 수상하였다. 2013년에는 한국수필문학가협회에서 '수필문학상'을 수상할 만큼 역량 있는 수필가로 수필 창작뿐만 아니라 문예지에 작품평과 서평, 등단작가 및 문학상 심사위원, 신문 논설위원으로 칼럼을 쓰며, 문학 강의 등 문학활동을 활발하게 하고 있다.

그는 에세이집 《춤추는 꽃》에서 "나의 수필은 풀꽃같이 순수하고 소박한 삶의 이야기들이다. 나는 자연과 인생을 관조하며 현실에 대해 고뇌하고 성찰하는 마음으로, 내 영혼이 깃든 향기로운 수필을 쓰고 싶었다"라고 하였다. 산문집 《살아있는 것들의 아름다움》에서는 "살아있는 것들의 아름다움을 통하여 삶의 의미를 깨닫고 사랑과 지혜가 넘치는 따뜻한 마음을 전해주고 싶은 것이다"라고 하였다.

그의 수필세계를 《광주 · 전남문학통사》에서는 "인간성이 상실되어 가는 현대사회에서 생명의 소중함과 사랑의 고귀함을 통하여 삶의 지혜를 깨닫고 행복한 삶이 될 수 있도록 사색하고 성찰하는 마음을 유려한 문체로 정감 있게 표현하고 있다"라고 하였다.

김한호는 1952년 12월 2일(음력) 전남 광양시 광양읍 칠성리 340번지에서 김매금과 정금단 사이에 5남매 중 넷째로 태어났다. 그는 초 · 중 · 고등학교를 다니는 동안 책읽기를 좋아하고, 그림을 잘 그리며, 공부를 잘하는 모범생이었다. 광양중학교 때 소설가 한승원 선생님이 작문을 가르치고 문예반 지도를 하였으며, 고등학교 선배로 형님 친구인 정채봉 동화작가가 있었으나 그 분들로부터 문학적인 영향을 받지 못했다고 한다.

그는 청소년 시절에 작가가 되겠다는 꿈은 없었고, 교사나 군인이 되고 싶었다. 그런데 중학교 2학년 때 아버지가, 고등학교 2학년 때 어머니가 돌아가시자 가정형편이 어려워 대학진학을 하기가 어려웠다. 공무원인 형님이 광주교육대학에 진학하라는 걸 몰래 경남에 있는 국립대학인 경상대학교 사범대학에 응시하여 국어교육과 1회 1번이 되었다. 이는 훗날 전남대사범대부설중학교 교장이셨던 박래경 국어선생님이 국어를 잘하며 수석으로 졸업한 재능이 아까워, 전남대에는 국어교육과가 없으니 가까운 진주에 있는 경상대에 진학하도록 권유했던 것이다.

1972년 경상대 국어교육과에 입학하여 문학동아리인 '전원문학회' 활동을 하면서 《전원문학》 동인지와 대학신문에 시와 수필을 발표하였으며, 대학신문 현상공모에 당선되어 '칠암문학상'을 수상하였다. 시조시인 이명길 교수댁에서 가정교사를 하면서 설창수, 강희근 시인 등 문인들과 교류하며 시화전, 시 낭송회를 갖기도 하였다.

그러나 1976년 2월말에 ROTC 소위로 임관하여 5공수특전여단에서 중위 때까지 근무하는 동안 생사를 초월하는 혹독한 특수훈련을 받느라 문학활동을 할 수가 없었다. 장군이 되기를 포기하고 보병장교에서 정훈장교로 전과하여 휴전선 5사단에 근무하면서 《전우신문》에 시와 수필을 발표하였다.

1981년 6월말에 대위로 제대한 후, 중 · 고등학교에서 국어교사를 하면서 1982년 전남대 교육대학원에 입학하여 1986년 8월말에 교육학석사 학위를 받았다. 1992년 경상대 대학원 국어국문학과에 입학하여 고등학교 담임을 하면서 매주 몇 백 km가 넘는 먼 길을 다니며 공부를 하여 1997년 8월말에 경상대 대학원에서 문학박사 학위를 받았다.

1992년 〈광주수필문학회〉에 가입하여 본격적으로 문학활동을 하면서 1994년에 《한국수필》에 수필가로 등단하였으며, 2001년에는 《문학춘추》에 문학평론가로 등단하였다. 수필을 주로 쓰며 수필

평론과 신문 논설위원으로 칼럼을 쓰고, 논문을 쓰며 문학 강의도 하였다.

그동안 발간한 저서로는 김소월 시 연구인 《슬픈 시인의 노래》(2000, 문예마당), 에세이집 《춤추는 꽃》(2002, 문예마당), 문학 연구서 《백조 문학의 이해》(2004, 전남대출판사), 칼럼집 《행복한 삶을 위하여》(2007, 한림출판사), 산문집 《살아있는 것들의 아름다움》(2011, 교음사), 수필 평론집 《수필의 이론과 창작》(2013, 교음사), 에세이집 《살아있는 것들을 사랑해야지》(2018, 범우사)가 있으며, 광주 · 전남 현대문학사를 대학 교수들과 공동으로 집필한 《광주 · 전남 문학통사》(2010, 현대문예)가 있다.

문단활동으로는 한국문인협회, 국제펜클럽, 한국수필가협회 등 10여 개 문학단체에서 활동하고 있다. 광주문인협회 부회장, 이사, 광주수필문학회 부회장 · 사무국장 · 감사 등을 역임하였으며, 한국수필문학가협회 이사, 전남문인협회 수필분과위원장 등을 맡고 있다. 그리고 문예지와 신문 등에서 등단작가 및 문학상 심사위원을 하고 있다.

문학상으로는 '대한민국공무원문학상'(2004), '전남문학상'(2007), '올해의 작품상'(2008) '수필문학상'(2013) 등을 수상하였다.

김한호는 문학계뿐만 아니라 교육계에서도 중학교 1학년부터 고등학교 3학년까지 담임을 하였으며, 전남교육연수원 교육연구사, 전라남도교육청 장학사, 중학교 교감과 교장, 고등학교 교감과 교장을 모두 함으로써 '중등교육 그랜드슬램'을 달성하여 신문에 크게 보도되었다.

교장과 교감 재직 시에는 '학교평가 최우수학교', '전국 100대 교육과정 우수학교', '인성교육 최우수학교' 등 많은 성과를 거두었다. 또한 4개 학교에서 연구학교를 하였는데, 국무총리와 교육부총리가 방문한 적도 있었다. 그리고 자연친화적인 인성교육을 위해 4개 학교에서 '학교숲 가꾸기'를 하여 '아름다운 학교숲 전국대회'에서 '우수상'을 수상하였으며, '수기 공모전'에서 '금상'을 수상하였다.

그동안 전남미래교육연구회 회장, 광양시교육총연합회 회장, 고등학교 총동문회장, 청소년지원단장 등 교육 발전을 위해 많은 공헌을 하여 '홍조 근정훈장', '상록수교원', '교육부장관상' 등 다수의 표창을 받았다.

김한호는 육군 장교로 군인의 길을 가다, 교사가 되어 국문학박사 학위를 받았으며, 고등학교 교장으로 정년퇴직을 하였다. 그는 수필가와 문학평론가로 창작활동을 함으로써 문무를 겸비한 인생의 길을 가게 되었다.

중견작가인 김한호는 다양한 경험과 폭넓은 식견을 수필 작품으로 형상화하여 독자들에게 감동을 주는 좋은 작품을 많이 발표하고 있다. 에세이를 주로 쓰며, 신변잡기 생활수필에서 벗어나 상상력을 가미한 문학수필로 '생명의 소중함과 인간성 회복을 위한 개성적인 작품세계'를 추구한 문학성이 뛰어난 작가로 평가받고 있다.

《Asia 서석문학》 2017. 가을호 〈특집〉

살아있는 것들을 사랑해야지

초판 1쇄 발행 2018년 3월 13일

지은이 김한호
펴낸이 윤형두
펴낸곳 범우사

등록번호 제 406-2003-000048호(1966년 8월 3일)
(10881) 경기도 파주시 광인사길 9-13 (문발동)
대표전화 031)955-6900, 팩스 031)955-6905

홈페이지 www.bumwoosa.co.kr
이메일 bumwoosa1966@naver.com

ISBN 978-89-08-12431-8 03810

*잘못된 책은 바꾸어 드립니다.
*이 도서의 국립중앙도서관 출판시 도서목록(CIP)은 e-CIP홈페이지
(http://www.nl.go.kr/cip.php)에서 이용하실 수 있습니다.
(CIP제어번호 : CIP2017031587)